ELKE HEIDENREICH

Ihr glücklichen Augen

Kurze Geschichten
zu weiten Reisen

Hanser

2. Auflage 2022

ISBN 978-3-446-27395-5
© 2022 Carl Hanser Verlag GmbH & Co. KG, München
Umschlag: Peter-Andreas Hassiepen, München
Foto: © Tom Krausz
Satz: Sandra Hacke, Dachau
Druck und Bindung: CPI books GmbH, Leck
Printed in Germany

MIX
Papier aus verantwortungs-
vollen Quellen
FSC® C083411

Ihr glücklichen Augen,
Was je ihr gesehn,
Es sei, wie es wolle,
Es war doch so schön!

J. W. von Goethe, Lied des
Lynkeus, *Faust*, II. Teil

Für Tom

Reisegesicht

Die Wirklichkeit ist nur auf der Durchreise zu ertragen ... Wer hat das gesagt? Ich glaube, mein Freund Hans Neuenfels. Er hatte mir von seinem Großvater erzählt, der ihm zum Thema Reisen geraten hatte: »Du musst immer ein Ziel vor Augen haben, aber du musst nicht da gewesen sein.«

Was ist mit der Heimat? Gibt es die noch? Ohne Kitsch ist Heimat nicht mehr zu haben, sagt Vilém Flusser, und ich glaube, der Verlust von Heimat macht auch frei, um neue Fäden zu spinnen. Wir waren doch mal Nomaden? Wir sind es noch. Reise ich wegen der Orte oder wegen der Menschen? Das zeigt sich immer erst, wenn ich wirklich vor Ort bin. Ich kann nicht acht Milliarden Menschen lieben, aber einzelne liebe ich schon, überall, ich liebe Menschen, aber die Leute gehen mir meist auf die Nerven, so ist das. Und Wurzellosigkeit gefällt mir, »A man is not a tree«, sagt Flusser (oder wer?). Also reise ich immer wieder los, einfach so, ohne große Erwartungen. Ins Unbekannte. Und was kommt mir meist entgegen? Das Bekannte. Und wenn das Unbekannte mich tatsächlich verblüfft, lasse ich es zu und versuche, mich vor Erklärungen und Deutungen zu hüten. Die heilige Teresa von Ávila soll gesagt haben (oder war es doch Jacques Lacan? Ich werfe ja immer alles durcheinander): »Es ist zu lehren, wie man nicht versteht.« Ist das nicht wunderbar? Und Heidegger, den ich überhaupt nicht leiden kann, hat doch einen schönen Satz beigesteuert zu diesem Thema des Wagnisses: »Wohin springen wir, wenn wir springen? Springen wir in einen Abgrund? Ja, wenn wir den Abgrund nur vorstellen. Nein, wenn wir springen.«

Ich bin immer wieder gesprungen.

Ich bin viel gereist.

Ich war auf allen fünf Kontinenten, in fast allen Metropolen, ich war in der Antarktis und in Afrika, in China und Amerika und auf Kuba, und jede Reise hat etwas mit mir gemacht. Und die wirklichen und die imaginären Reisen, die in Zug, Bahn und Flugzeug, die in Hotels und auf Wanderungen und die parallel dazu im Kopf – sie alle mischen sich, auf solchen Reisen bewohnt man echte und geträumte Orte und wird zum Pendler zwischen Vergangenheit, Gegenwart und Zukunft.

Was tun Reisende? Paul Theroux sagt: »Sie gehen hin und hoffen auf das Beste.« Solche Reisenden sind keine Touristen. Ich wollte nichts erleben, mich auch nicht von irgendwas erholen. Auf keinen Fall wollte ich irgendwas Berühmtes besichtigen: »Nichts ist mehr da, was man sich ansehen könnte, alles ist zu Tode geglotzt worden.« (D. H. Lawrence) Ich wollte nur woanders sein. Und woanders, das musste nicht unbedingt ein »schöner« Ort sein. »Travelling is a never ending source of inspiration.« Von wem? Keine Ahnung, unterwegs notiert.

Ist ein Reisender vielleicht auf der Flucht? Vor etwas? Vor sich selbst? Sven Regener singt: »Wir wissen nie, wohin es geht, wir sind schon froh, dass es noch Wege gibt.« Und der Vielreisende Cees Nooteboom sagt: »Es geht darum, zu verschwinden und gleichzeitig dazubleiben.« Denn man hat ja einen Hintergrund, hat Telefonnummern, wenn man die wählt, ist da jemand, der einen kennt, das Band besteht, und doch, sagt Nooteboom: Man hat sich gelöst, man ist jetzt ein anderer, und »die Illusion besteht darin, dass man an all diesen Orten, die man erstmals aufsucht oder zu denen man zurückkehrt, noch ein zweites Leben hat, das zeitgleich mit dem anderen verläuft«.

Reisen muss man auch lernen. Man bewegt sich in Welten, Häusern, Gegenden, die anderen gehören. Man kann Gefahr, Willkür, Ablehnung begegnen. Und weil alles immerfort überall möglich ist, wird man gelassen. Ich bin auf Reisen nie aufgeregt oder ängstlich, ich bin wie in einer Art Meditation – ich nehme an, was auf mich zukommt, und das sind keine touristisch geplanten Sehenswürdigkeiten. Das

sind Menschen, Eindrücke, Gefühle, Landschaften. Und immer vermisse ich mein Zuhause, weiß doch aber, dass es da ist und auf mich wartet. Also kann ich mich auf das Fremde einlassen, mit Leib, Verstand und Seele. Ich will nichts erleben. Ich will nur dort sein, um später wieder hier sein zu können, aber anders. *Denn ich war dort.*

Sind meine Geschichten alle wahr? Ach, um die Wahrheit zu verändern, reicht doch schon ein Glas Cognac. Und wenn ich meine Reisen erzähle, dann in einer Sprache, die keine eigene Wahrheit hat. Sie markiert nur vorübergehende Wirklichkeiten. Und wer zu gründlich Buch führt, sieht auch zu sehr die Verluste, die er erleidet.

Es gibt ein Lied von Paolo Conte, es heißt »Genova per noi«, Genua für uns, und es erzählt von den Bauern, weitab im Hinterland, die von Genua, der Stadt am Meer, träumen. Und eines Tages fahren sie hin. Was für eine Enttäuschung – diese graue Stadt im Regen, dieses dunkle Meer, das sich immer bewegt, »Che si muove anche di notte / Non sta fermo mai«, das auch nachts niemals stillsteht. Und sie kehren zurück aufs Land zu ihren großen, stillen Schränken voller alter Leintücher und Lavendelduft und leben weiter wie immer, aber: mit anderen Gesichtern, denn … »quella faccia un po' così, quell'espressione un po' così che abbiamo noi che abbiamo visto Genova« … wir haben jetzt die Gesichter und den Ausdruck von Leuten, die Genua gesehen haben.

Gottfried Benn fällt mir ein, der staunend schrieb:

»Nachts auf Reisen Wellen schlagen hören / und sich sagen, dass sie das immer tun …«

Manchmal stehe ich vorm Spiegel und suche in meinem Gesicht all die Orte, an denen ich war. Wie sähe ich wohl aus ohne sie?

WEIT …

Ach, PARIS!

Mit siebzehn war ich in Paris und bin jung und dumm herumgestromert, ohne Ahnung von irgendetwas außer Gedichten: Rimbaud, Verlaine, Apollinaire, die kannte ich, und dass man hier Croissants isst, das wusste ich, und ach ja, der Eiffelturm, aber hohe Dinge interessierten mich nicht. Ich saß mit meinem bisschen Geld halbe Tage lang vor einem Croissant und einem kleinen Espresso und dachte: PARIS!, und las die Gedichte, die ich in ein Heft abgeschrieben mit mir herumtrug –

> *Il pleure dans mon cœur*
> *Comme il pleut sur la ville;*
> *Quelle est cette langueur*
> *Qui pénètre mon cœur?*

Ach, Verlaine! Ach, siebzehn

Ich ging in ein Konzert mit Musik von Camille Saint-Saëns und kaufte ein Programmheft, in dem ein erschütternder Satz stand, den ich in all den Jahrzehnten nie mehr vergessen habe: »Ich bin die Zukunft gewesen«, schrieb der alte Saint-Saëns bitter an Romain Rolland …

Mit Mitte zwanzig war ich wieder dort und habe alle Museen abgeklappert, schlecht geschlafen in einem Dreckshotel, zerstochen von Wanzen, billig und schlecht gegessen, einsam, mit Stadtplan herumfuhrwerkend, lange Briefe schreibend an einen, den ich liebte und der nicht dabei war.

Auf diesem Foto bin ich siebzehn und strahle, aber in meinen Tagebüchern stand: »Voir clair c'est voir noir«, das hat Paul Valéry gesagt.

Dann war ich Mitte dreißig und fuhr mit einem anderen her und mit zwei Freunden: dem Regisseur Ulrich Heising und seiner Gefährtin, der großartigen und liebenswerten Schauspielerin Christa Berndl. Ich denke an sie als Menschen, mit denen man immerzu lachen konnte, wir haben nur gelacht auf dieser Reise, gelacht und französische Texte rezitiert …

Und wir waren jeden Abend irgendwo im Theater. Wir hatten alle *Kinder des Olymp* gesehen und uns alle in Jean-Louis Barrault verliebt, seinetwegen waren wir hier.

Er hatte 1974 ein neues Theater gegründet in der damals leerstehenden Gare d'Orsay, wo er auch selbst auf der Bühne stand. Wir lernten Ariane Mnouchkine kennen, die auch ein eigenes Theater hatte, das Théâtre du Soleil in einer riesigen alten Munitionsfabrik im Bois de Vincennes. Wir

fuhren mit der Metro Nr. 4 bis zur Endstation, Porte de Clignancourt, und liefen den ganzen Tag über den riesigen Flohmarkt und landeten in einer Kneipe mit rot-weiß karierten Tischtüchern, fettigen Hähnchen, billigem Wein und einer Dreimannkapelle, Akkordeon, Gitarre, Bass. Irgendwann nahm erst Uli, dann ich das Akkordeon, wir spielten, sangen, waren sehr betrunken, es wurde getanzt, die Nacht nahm

gar kein Ende, ich hatte auf dem Flohmarkt eine große Schaufenster-
puppe gekauft und keine Ahnung, wie wir die transportieren sollten,
ach, Paris!

Sie steht heute bei mir. Ich
glaube, wir haben sie damals
aufs Auto gebunden, mit Stri-
cken. Christa und Uli sind tot,
die kann ich nicht mehr fragen, und wo der Mann heute
lebt, mit dem ich damals in
Paris so glücklich war, das
weiß ich nicht. Geblieben ist
nur die Puppe.

Und dann war ich mit über siebzig noch mal mit meiner liebsten
Reisefreundin Gisela in Paris, wir konnten uns ein Luxushotel leis-

ten, 1a Weine, prächtiges Essen, Presseaus-
weis für alle Museen, teure Plätze in beiden
Opern, alles perfekt.

Und doch nie mehr so glücklich wie damals.
Paris, Paris. Sehnsuchtsort.

Wir Mädels unter uns.
ZÜRICH

Es gibt überall Schönes. Aber wenn ich mich jetzt entscheiden müsste: Der schönste Platz in Zürich ist die Frauenbadi. Und mein erstaunlichstes Erlebnis hatte ich auch dort.

Die Frauenbadi ist eine Badeanstalt nur für Frauen, 1837 eröffnet, als endlich das öffentliche Baden für Frauen erlaubt wurde – weniger aus sportlichen, vielmehr aus hygienischen Gründen: Die meisten Häuser hatten kein fließendes Wasser, und hier konnte man sich waschen. Der Zürcher Reformator Huldrych Zwingli hielt dereinst nichts vom Schwimmen: »Schwimmen habe ich Wenigen nützen sehen«, schreibt er, »wiewohl es zu Zeiten lustig ist, die Glieder wie ein

Heute ist man etwas nackter!

Fisch im Wasser zu strecken und ein Fisch zu werden.« Aber er war es, der die mittelalterliche Badekultur ruckzuck erst mal beendete, und es dauerte drei Jahrhunderte, bis die Zürcher so viel Puritanismus nicht mehr wollten. Also: ein *Badhaus für Frauenzimmer*, dem viele andere öffentliche Bäder folgten.

Und nun schwimmen wir – direkt in der Limmat, damals wie heute. Gegen Blicke abgeschottet liegt das wunderbare Jugendstilgebäude der Frauenbadi (1888 ganz und gar renoviert), dieses hölzerne schöne Gebilde am linken Limmatufer, festgezurrt an der Mauer, aber es schwimmt und man schwimmt direkt im Fluss. Dreiunddreißig Meter ist das Außenbecken lang, sieben Meter breit, vier Meter die Tiefe des Flusses hier, Fische begleiten uns. Und von draußen sieht uns niemand, und damit das auch so bleibt, tuckert ab und zu ein Polizeiboot vorbei.

Hier sind wir Mädels unter uns. Hier schwimmen, lesen, schwatzen wir oder trinken eisgekühlte Sachen von der Bar. Und ob wir was anhaben oder nicht, unten, oben, nackt, angezogen, das ist hier ohne Männerblicke völlig wurscht, jede, wie sie will.

Da sitze ich mit meinen Zürcher Freundinnen, wenn ich im Sommer in der Stadt bin – ich versuche, dass es immer Sommer ist! –, und dann spendiert Marina die erste Flasche und Anne-Françoise die zweite und ich die dritte, und wir dösen und lachen und schwimmen den Rausch zwischendurch immer mal weg, und Marion weint, und Sarah tröstet, und Anuschka lacht, und Leonie passt auf, dass alle eingecremt sind. Und Claudia isst die ganze Schachtel Champagnertrüffel vom Sprüngli für vierundvierzig Franken auf einen Sitz leer, »das schmilzt doch sonst alles!«, und es gibt nichts Kostbareres als diese Frauenfreundschaften. Wir kennen einander, wir kennen unsere geglückten oder missglückten Liebes- und Lebensentwürfe, unsere Körper mit und ohne Narben und Falten, und ich bin in der Frauenbadi einfach nur von Kopf bis Fuß dankbar, für alles. Für alles, was ich erlebt, und für alles, was ich überlebt habe. Und für meine wunderbaren Freundinnen.

Und mein erstaunlichstes Erlebnis: Einmal ging ich zusammen mit einer verschleierten Muslima in die Frauenbadi. Als ich aus der Umkleide kam, kam sie auch: oben ohne, Bikinihöschen, aber der Kopf ordentlich verschleiert. Alles, alles geht.

Die Königin von MAILAND

Für Inge

Nach Mailand bin ich oft gefahren, entweder um in die Oper zu gehen oder um meine Freundin Inge Feltrinelli zu besuchen, die gleich nebenan in der Via Andegari wohnte, außen unauffällig, innen prächtig, ein echter Raffael über ihrem Bett – jetzt, wo sie tot ist, darf ich das sagen, oder? Meine lustige Inge, sie war ein Essener Mädchen, wie ich, hieß früher Inge Schönthal, und weil ihr Vater Jude war (und schon früh emigriert), musste Inge noch kurz vor Kriegsende im März 1945 das Gymnasium verlassen. Da war sie fünfzehn, und als sie neunzehn war, schnappte sie sich ein Fahrrad und radelte fast 300 Kilometer von Göttingen nach Hamburg, um Fotoreporterin zu werden.

Wurde sie, weil Inge alles schaffte, was sie anpackte. 1953, da war ich zehn und Inge dreiundzwanzig und wir kannten uns noch nicht, schickte der Verleger Heinrich Maria Ledig-Rowohlt die quirlige Inge nach Kuba, um Hemingway zu fotografieren – das wurde ein Knaller und ihr Durchbruch. Sie hat danach in Kuba auch Fidel Castro fotografiert, in Paris die Beauvoir und Picasso, in Amerika John F. Kennedy, Audrey Hepburn und Gary Cooper, in Italien Anna Magnani, der sie als junge Frau ein wenig ähnlich sah.

Und dann lernte sie Giangiacomo Feltrinelli kennen, den Spross einer der reichsten Familien Italiens, reich durch Holzhandel, Textilien,

Banken. Und der Sohn pfeift auf all das, wird ultralinker Aktivist, gründet aber mit dem Geld den Feltrinelli Verlag und verlegt als Erster *Doktor Schiwago* von Boris Pasternak. Und dann Che Guevara. Er hatte das richtige Händchen. Unter bis heute nicht geklärten Umständen kam er 1972 bei der Sprengung eines Strommastes ums Leben, da war er 46 Jahre alt und von Inge, die er 1960 geheiratet hatte, schon wieder geschieden. Nach seinem Tod – Sohn Carlo war noch klein – übernahm sie beherzt die Verlagsge-

schäfte und leitete sie später äußerst erfolgreich zusammen mit Carlo.

Sie kannte alle, sie war jedes Jahr in Frankfurt der Paradiesvogel der Buchmesse, und sie hat nie mit Erfolgen oder Berühmtheiten rumgeprotzt. Als ich sie 1980 kennenlernte, war sie fünfzig, ich Mitte dreißig, und wir waren Freundinnen innerhalb von fünf Minuten und bis zu ihrem Tod 2018. Ich durfte oft ihr Gast sein und lernte immer neue interessante Menschen bei ihr kennen – zum Beispiel Celia, die (blonde!) Tochter von Che Guevara, dessen Bücher Feltrinelli verlegte. Im Flur hing ein Poster mit seinem lachenden Gesicht und dem Zitat: »Bisogna essere duri senza mai perdere la tenerezza«, man muss hart sein, ohne je die Sanftheit zu verlieren. Ich stand davor und staunte, sie nahm es von der Wand und packte es mir ein – heute ist das Bild bei mir, und sein Lachen ermahnt mich: *Mai perdere la tenerezza!*

Inge fuhr auf einem roten Rennrad durch Mailand und ich auf einem Leihrad im Schlepptau, immer mörderisches Tempo, immer unterwegs zu einer Ausstellung, einem Konzert, einem Essen. Und immer guckte sie, die Extravagante, mich an und seufzte: »Du siehst wieder nach gar nichts aus, so mausig, so können wir doch nicht zu Zeffirelli!« Und dann nahm sie ihre goldenen Ohrclips raus und klemmte die auf meine flachen schwarzen Ballerinaschuhe und legte mir irgend-

eine feuerrote Seide um den Hals und sagte: »Na ja, so könnte es gehen.« Und dann saßen wir bei Franco Zeffirelli, der einen Arm in Gips
hatte, und ich fragte blöde: »Wie ist denn das passiert?«, und er, der
Zyniker und knurrige, schwierige Mensch, konterte: »Beim Eislaufen,
was sonst«, da war er über achtzig und hatte natürlich keine Lust, über
Unfälle und Krankheiten zu reden, und es waren lauter schöne, reiche,
kluge, berühmte Menschen da, auch der angeschwärmte Giancarlo
Giannini, der gerade einen *James Bond* abgedreht hatte, aber Inge war
immer der Mittelpunkt, laut, strahlend, lebendig. Die Königin von
Mailand, das war sie. Es war der Abend nach der legendären Premiere,
wir waren auch in der Scala gewesen, wo der 83-jährige Zeffirelli eine
umjubelte *Aida* inszeniert hatte, 2006, einundzwanzig Jahre lang hatte
es Verdis *Aida* auf dieser Bühne nicht mehr gegeben, entsprechend
wurde gefeiert.

Die Karten hatten bis zu zweitausend Euro gekostet, aber Inge hatte immer ihre Kanäle und Beziehungen, und die Mailänder genossen eine goldstrotzende, traditionelle Inszenierung. Zeffirelli hasste das moderne Regietheater, hier war die Liebe noch Liebe und das ganz große Drama noch das ganz große Drama und Prinzessin noch Prinzessin, und der Regisseur füllte die Bühne mit etwa dreihundert Leuten, der ganze Pharaonenhof versunkener Zeiten, von Dirigent Riccardo Chailly mit Mühe in Schach gehalten. Der Applaus dauerte minutenlang. Und nun wurde, von Jüngern umgeben, gefeiert, und ich hatte wenigstens goldene Clips auf den Schuhen und rote Seide um den Hals.

Inge versuchte immer, mich ein bisschen rauszuputzen, wenn wir in die Oper gingen oder wenn Besuch kam. Doris Lessing, Isabel Allende, Nadine Gordimer oder Antonio Tabucchi, alle kamen zu ihr, tranken was, aßen mit, saßen plötzlich im Salon – der Verlag war ja gleich nebenan. Inges Talent zur Freundschaft und Gastfreundschaft war legendär, sie kochte, sie lachte, sie wirbelte herum und brachte alle zusammen, und manchmal rief jemand an, und sie sagte: »Moment, hier ist die Elke, die kennt deine Bücher!«, und gab mir das Telefon, und es war Umberto Eco. Und einmal sagte sie mir am Telefon: »Der Grass ist gerade da, den kannst du doch nicht leiden, komm erst am Abend, dann ist der weg, wann bist du weg, Günter? Um sechs ist der weg!«

Er saß daneben und hörte das, bei Inge gab's kein Geheimnis, und ich kam also erst am Abend, da war »der weg«. Als der Schriftsteller Richard Ford vorbeischaute, für dessen Bücher ich so schwärmte wie für seine blauen Augen, erzählte sie ihm das natürlich sofort, und er lachte, und ich wurde rot. Bei Inge lag immer alles offen auf dem Tisch, auch das Peinliche, aber ich war so glücklich, durch sie ein ganz anderes Mailand kennenzulernen, das der Künstler, der versteckten Villen mit Zitronenhainen, die ich sonst nie gesehen hätte. Inge polierte mein Italienisch und versorgte mich mit Büchern, räumte mir Rabatte in den Feltrinelli-Buchhandlungen ein, dafür musste ich ihr immer in Briefen

Klatsch und Tratsch aus der deutschen Verlagsszene schreiben, den gab's ja reichlich. Für eine Zeitschrift schrieb ich ein Porträt über sie mit der Überschrift: »Ich bin ein glücklicher Mensch«. Und das war sie wirklich, sie hatte das Talent zum Glücklichsein wie kaum jemand, den ich kenne. Ihre Wohnung voller Bilder, Blumen, Bücher, bunter Kissen, weicher Teppiche, auf denen Dackel Enzi aus Göttingen und zwei vergnügte kleine Enkel herumsprangen, spiegelte den inneren und äußeren Reichtum einer Frau, die von sich sagte: »Ich bin ein glücklicher Mensch.« Das kann nur jemand sagen, der auch klug genug ist, zu wissen, was Schmerz heißt und wie man damit fertig wird.

Sie ging schon auf die achtzig zu und trug immer noch Highheels, Knallfarben wie Orange, Pink, Giftgrün, riesige Ohrringe, und sie war frech und witzig. Bei Zeffirelli war ein rechtskonservativer Zeitungsverleger aus dem Berlusconi-Gefolge, sie reichte ihm matt das Händchen zum Kuss und raunte mir zu: »Den stell ich dir jetzt nicht vor, der ist zu blöd.« Und als eine steindumme, steinreiche Amerikanerin sie tatsächlich nicht kannte (in Mailand fast unmöglich) und sie fragte, wer sie denn sei, sagte sie: »Ich bin Primaballerina an der Scala und schon über siebzig, und ich muss noch jeden Abend tanzen.«

Inge Feltrinelli verschreckte gern Traditionalisten. Einmal hat sie in den Sommermonaten Bücher nach Gewicht verkaufen lassen. »Was kostet mehr? Ein Kilo Hummer oder ein Kilo Moravia? Ein Kilo Shakespeare oder ein Kilo Spargel?« Der Slogan schlug ein, die Leute kauften im flauen Juli in den Feltrinelli-Läden tatsächlich die Bücher kiloweise.

»Was ist wichtiger für eine Frau«, fragte ich sie 2001 bei unserm Interview, »Intelligenz, Schönheit oder Humor?« – »Humor«, kam ohne Zögern die Antwort. Aber, meinte sie, Intelligenz kann nicht schaden, und Schönheit ist ohnehin relativ. Nie würde sie sich liften lassen, aber nicht aus Stolz auf ihre Falten (»Meine Freundinnen sind alle geliftet und sehen viel besser aus!«), sondern weil sie keine Vollnarkose herausfordern wollte, ohne wirklich krank zu sein – eine für Inge Feltrinelli ganz typische, handfeste Position, die ich übernommen habe. Und Humor hatte sie wie niemand sonst, den ich kannte. Wir haben uns gekugelt vor Lachen, als in Italien *Der Name der Rose* rauskam, *Il Nome della Rosa*, und Umberto Eco auf die Frage eines Journalisten, warum er diesen seltsamen Titel gewählt hatte, sagte: »Pinocchio war schon vergeben.« Das hätte auch von ihr sein können!

Inge sprach schnell, und ins Deutsche mischten sich englische und italienische Wörter. Welchem Land oder Ort fühlte sie sich zugehörig, Deutschland, Italien, New York? »Ich bin Mailänderin«, sagte sie. Aber: »Ich nehme mich nicht so wichtig, das ist das Deutsche an mir.« Oh! Ich protestierte, gerade wir Deutschen nehmen uns doch so unendlich wichtig? Aber sie meinte das im Hinblick auf Statussymbole, auf gesellschaftlichen Glamour. Die italienische Frau sei sehr auf Wirkung aus, schon zum Einkaufen morgens Designerjeans, ein Tausend-Mark-Kaschmirpullöverchen und einen Zobel. Das gab es bei Inge nicht, schon gar keine echten Pelze. Es gab fröhlich bunte Eleganz von der Stange, und durch die teure Via Monte Napoleone fuhr sie zum Einkaufen auf dem Fahrrad, wie weiland Königin Juliana durch Den Haag.

Meine wunderbare Inge

Ja: Inge Feltrinelli war die Königin von Mailand, und wo sie auftauchte, knallten die Champagnerkorken. Es war immer ein Wind um sie, Bewegung, Lebenslust, Grandezza. Aber das täuschte darüber hinweg, wie hart sie für den Verlag arbeitete. Sie hatte zahlreiche Orden, Verdienstkreuze, war Ehrendoktorin, aber war vor allem Literaturvermittlerin, Freundin der Autoren, eine Persönlichkeit, wie es im Verlagsgeschäft heute nur noch wenige gibt. Wenige? Mir fällt gerade niemand ein. »Man muss wissen, was wichtig ist«, sagte sie. Und was wichtig ist, muss man genießen und sich bewahren: Freundschaften, Bücher und »diese eine große Liebe, von der man sich nie mehr erholen kann«. Das sagte sie mir zu einer Zeit, als Giangiacomo Feltrinelli schon seit dreißig Jahren tot war.

Ihr Sohn Carlo, der heute den Verlag leitet, kam damals herein, registrierte, dass seine Mutter interviewt wurde, und spottete: »Ach, mal wieder was fürs Ego?«, und sie lachte. Ja, das brauchte sie, dass man sie bemerkte und sich für sie interessierte, aber sie gab es auch so reich zurück.

Sie fehlt mir.

Eine Art Wunder.
GENT

Sonntag, 7. März 2004. Er ruft an, früh, aufgeregt. Ob ich mit ihm nach Gent fahren würde, heute?

Ich würde jederzeit sofort überall mit ihm hinfahren.

Er ist meine große Liebe. Er weiß das, und es ist ihm egal, nein, er nutzt es aus. Meine Zeit, meine Arbeit, mein Auto, mein Geld, meine Kontakte – das kann er alles gut brauchen, nur meine Liebe nicht. Das wird ihm zu viel, mit zwei geschiedenen und einer aktuellen Frau, ein paar Geliebten, einem nicht zu stillenden Hunger. Er kann nicht lieben, ich weiß das, er kann nur begehren, und mich begehrt er nun mal nicht. Ich ihn übrigens auch nicht. Ich liebe einfach nur an ihn hin mit meinem ganzen Herzen – wie er über Musik spricht, wie er lacht, wie er mich ansieht beim Wein, wie er sich kleidet, wie er riecht – ich liebe alles an ihm, außer seinem Gang. Sein Gang ist lächerlich. Am Gang sieht man, dass er aufgeblasen und eitel und ein Wichtigtuer ist. Er ist kein guter, er ist nicht mal ein netter Mensch, keiner meiner Freunde mag ihn, aber mich hat es getroffen, was will man machen. Irgendwann hört so etwas zum Glück ja auch wieder auf, und man kann weiteratmen, aber am 7. März 2004 war ich noch nicht so weit.

Natürlich würde ich mit ihm nach Gent fahren, in meinem schönen neuen Auto mit dem unbegreiflichen neuen Navi.

Warum nach Gent?

Weil dort am Sonntag, dem 7. März 2004, in der Genter Oper, *Vlaamse Opera,* zum allerletzten Mal Leoš Janáčeks *Káťa Kabanová* gespielt wurde, eine Inszenierung von Robert Carsen aus Antwerpen. Er liebte nichts mehr als die Musik von Leoš Janáček, und auch dafür liebte ich ihn. Die Frauen erreichten ihn nicht, keine, oder sagen wir:

keine länger als ein paar Wochen, aber die Musik war seine große Liebe, dieser Musik war er treu, seit seiner unglückseligen Kindheit in einem unglückseligen Land, heimlich am Radio.

Natürlich fuhren wir hin. Und lachten, weil wir das neue Navi nicht verstanden, Navi, das muss man lernen: »Fahren Sie links, dann bleiben Sie rechts« – ja, was denn nun? Das begreift man nicht auf Anhieb, aber man weiß, um nach Gent zu kommen, muss man irgendwie über Aachen und dann Richtung Brüssel oder Antwerpen, und irgendwann stand da Gent, und die Oper und die Tiefgarage findet man immer.

Er fuhr, ich saß glücklich daneben, denn ich wusste, mehr Nähe wird es nie geben.

Ich sollte mich irren.

Wir erfuhren: restlos ausverkauft. Es gab keine einzige Karte mehr, es war nichts zu machen. Er wurde fahl, er sackte zusammen, ich sah den Menschen, den ich liebte, vor Kummer schrumpfen und ich brach in Tränen aus. »Sie wissen nicht, um was es geht«, sagte ich zu der fassungslosen Dame am Kartenschalter. »Es geht um alles, es geht fast um Leben und Tod, wir kommen aus Köln, wir müssen diese Inszenierung sehen, ich kann es Ihnen nicht erklären, aber es hängt alles davon ab. Alles.«

Sie schaute ratlos und erschüttert auf den bleichen Mann, die weinende Frau, und schließlich sagte sie: »Ich kann vielleicht etwas machen. Eine Ausnahme. Ein Notfall, ja?« »Ja«, rief ich, »ein Notfall, bitte!« Und sie schrieb uns ein Kärtchen. »Kommen Sie kurz vor der Vorstellung«, sagte sie. »Ehe die Türen geschlossen werden. Gehen Sie zur vorderen Tür links. Ich werde dem Kollegen Bescheid sagen. Er wird Sie mit diesem Kärtchen hier einlassen, und dann stellt er zwei Stühle für Sie hin. Es ist einmalig. Es ist eine Ausnahme, ja?«

Ich zog mein Portemonnaie, ich hätte jeden Preis bezahlt, sie winkte ab. »Eine Ausnahme.«

Und so war es. Dieses Kärtchen öffnete uns die Tür zum ersehnten

Paradies. Wir saßen nebeneinander auf Klappstühlen. Und wir hörten und sahen. Wir erlebten die Geschichte der leidenschaftlichen Katja, die Tichon geheiratet hat, der kalt ist, und die Boris liebt, der sie verlässt, und deren Schwiegermutter alles tut, um ihr Unglück noch größer zu machen, und die am Ende ins Wasser geht, in die Wolga. Die Bühne war die Wolga, es war atemberaubend, wie haben sie das gemacht? Die ganze Bühne: Wasser. Und die einsame Frau verschwindet – singend – im Wasser.

Und der Mann neben mir weinte, die Tränen liefen ihm übers Gesicht, und er hielt meine Hand, zum ersten und einzigen Mal, und es war das Größte und Schönste, was ich mit ihm erlebt habe, viel mehr, viel näher als das, was die anderen Frauen mit ihm erlebten.

Den Mann gibt es längst nicht mehr in meinem Leben, das Herz ist an der Stelle ein wenig vernarbt, ja, das schon, aber den kleinen Zettel habe ich immer aufbewahrt, mit dem uns die gütige Frau an der Kasse, die gespürt hatte, dass hier irgendwas loderte, diese zwei Stunden ermöglicht hatte. Es stand nichts anderes darauf als »Laissez – Passer«, lasst sie durch. Das, was mitunter in Kriegs- und Krisenzeiten auf Passierscheinen für verzweifelte Menschen steht, die im Nirgendwo gelandet sind und keine Reisedokumente haben.

Laissez – Passer.

Die Liebe ist passé, alles ist passé, die Erinnerung an den Abend bleibt, das kleine Kärtchen bleibt und zeigt: Alles ist möglich, jede Art von Wunder, jede Art von Liebe.

Das habe ich in Gent erlebt.

PEKING
sehen und nicht sterben

W as habe ich immer gelästert über die doofen Deutschen, die mit einem Wohnwagen voll Sauerkraut und deutschem Bier nach Italien fahren und sich dort jeden Tag deutsches Essen kochen …

Und jetzt lerne ich in Peking einen Amerikaner kennen, der sagt, es gäbe in Peking ein Hofbräuhaus, ob ich da mit ihm hingehen wolle?

Ein Hofbräuhaus! Ich hatte eine ganze Woche schon Hühnerfüße essen müssen, Schweineohren und andere widerliche Dinge. In China bestellt man nicht nett wie beim sogenannten Chinesen in Köln »Nr. 28, Hühnchenfleisch mit Mandeln und Bambussprossen« – da kommt das ganze Tier in Einzelteilen auf den Tisch, und es ist gruselig. Aber nun ein Hofbräuhaus! Mitten in Peking! Paulanerbier, Weiß-

1a Hofbräuhaus – wie in München, auch der Rausch, perfekt

Der Amerikaner ist der Satiriker und Journalist Eric T. Hansen, ein wahnsinnig witziger und kluger Mensch aus Washington, der in Berlin lebt.

wurscht mit süßem Senf, Brezeln, die Bedienung im Dirndl, der chinesische Schankkellner in Lederhosen, aus dem Lautsprecher bayerische Volksmusik – es war der bescheuerte Himmel auf Erden, für zwei, drei Stunden und einen ordentlichen Rausch.

Und dann wieder raus (auch ohne Corona damals fast nur mit Atemmaske) in dieses völlig unbegreifliche mausgraue Peking ohne Atemluft, Beijing, *pei-ching*, nördliche Hauptstadt. Der Amerikaner war sehr lustig. Mir zuliebe hat er auf der Großen Mauer, *chang cheng* – sie ist ein Wunder, 8850 Kilometer lang, breit genug für Pferdewagen und vier Menschen nebeneinander –, mit erhobenem Zeigefinger laut gerufen: »Mr Xi, tear down this wall!« So wie es Ronald Reagan am 12. Juni 1987 an der Berliner Mauer gemacht hat: »Mr. Gorbatschow, tear down this wall!« Gorbatschow hat's gemacht, Xi zum Glück nicht, das hier ist auch eine andere Art Mauer.

Hansen und ich waren beide eingeladen von einer Deutsch-Chinesischen Handelsgesellschaft, um nach Abschluss einer Tagung Vorträge zu halten – er über Politik, ich über Kultur. Ich hatte den Auftrag angenommen, weil ich mir beweisen wollte, dass ich das kann: Mit 71 Jahren reist du allein nach Peking und hältst einen Vortrag. Das Honorar habe ich in einen Business-Class-Flug und ein paar Tage mehr Aufenthalt gut investiert, und Hansen hat mir die Pekinger Zeit mit seinem Witz sehr versüßt.

Als er weg war, bin ich allein losgezogen, habe eine Rikscha angeheuert und erklärt (mit Händen, Füßen, Wörterbuch!), dass ich ein anderes Peking sehen möchte. Nicht Hochhäuser, Hochglanz und Moderne. Und sah dann das:

Enge vermüllte Gassen, armselige Häuser ohne fließendes Wasser, in einem, das offen steht, ein Bild an der Wand: ein Poster von George Clooney. Hühner, Schweine, räudige Hunde, Abfall fressend, vor fast jedem Haus in einem winzigen Käfig ein armseliges Vögelchen, singend, wenn mal ein Sonnenstrahl hier einfällt. Das ist das Peking, das sie uns nicht mehr zeigen, und es wird bald verschwunden sein. Aber wer hat das gesagt, »Wenn das Alte stürzt, hat das Neue noch nicht gesiegt«?

Ich sehe mir auch die Verbotene Stadt an, meine Schuhe drücken, es ist heiß, ich nehme sie in die Hand, habe Blasen an den Füßen. Aber ich werde sofort zurechtgewiesen, Schuhe an! Respekt! Recht haben sie, die strengen Aufpasser, aber ich kann kaum noch laufen, und die Verbotene Stadt langweilt mich auch viel mehr als das Hofbräuhaus. Ja, die alten Herrscherpaläste. Kunstvoll. Vergangen. Aber interessant unter den vielen Toren das *Tor der göttlichen militärischen Begabung, shenwumen.* Das verbindet mit dem Draußen, denn davor liegt der Tian'anmen-Platz. Beim Massaker im Juni 1989 fuhren hier Panzer mit göttlicher militärischer Begabung auf einem Platz mit dem schönen Namen *Himmlischer Frieden* über sitzende Studenten hinweg, es gab mehrere Tausend Tote und mehrere Tausend Verletzte. Der Platz ist weit, gesichtslos, windig, kalt. Maos Porträt hängt dort. Ich lasse mich davor vom Amerikaner fotografieren, heute finde ich das geschmacklos, aber hier, bitte:

Mein Vortrag sollte, so war es gewünscht, etwas zu tun haben mit dem Unterschied zwischen der chinesischen und der deutschen Seele. Die deutsche Seele ist, glaube ich, in der Romantik im deutschen Wald bei Vollmond auf der Strecke geblieben. Von der chinesischen Seele hatte ich noch nie gehört, aber ich glaube, dass die Annäherung der Völker weltweit eher durch die Kultur als durch Wirtschaft und Politik passieren wird. Die Kultur ist immer verbindend, die Literatur erklärt uns, wie Menschen anderswo denken und leben, die Malerei lässt uns bewundernd staunen, und die Musik erreicht die Herzen auf der ganzen Welt. Was ich über China weiß, das Land der Mitte, *Zhongguó*, das weiß ich aus seiner Kultur. Und was Chinesen an uns Deutschen lieben, das hat mit unserer Kultur zu tun. Dabei, wir wissen es, sind die großen Forschungsreisenden jahrhundertelang von West nach Ost gefahren, ehe es, vielleicht erst zu Beginn des 20. Jahrhunderts, nach dem Ende der Quing-Dynastie und mit der Ausrufung der Republik China am 1. Januar 1912 auch umgekehrt möglich war und China sich für den Rest der Welt zu interessieren begann.

Wir Deutschen haben im 20. Jahrhundert während des Nationalsozialismus furchtbare Verbrechen begangen. In China hat die Kulturrevolution grenzenloses Leid, Ungerechtigkeit und millionenfachen Tod gebracht. Das Selbstverständnis des Menschen als Vernunftwesen hat sich als eine grauenvolle Illusion erwiesen, sagt der Philosoph Gernot Böhme. Es ist nicht ganz unheikel, in China über solche Themen zu sprechen. Im Sinne einer humaneren Zukunft ist es also wichtig, dass wir mit Respekt und Vertrauen einander kennenlernen. Und so habe ich denn fleißig zitiert aus schönen Büchern von chinesischen Autoren und habe es verglichen mit schönen Büchern von deutschen Autoren, und siehe da, so verschieden war das alles gar nicht. Und dann habe ich noch ein wunderbares altes chinesisches Gedicht aufgesagt, es ist von Thu Fu, aus dem 8. Jahrhundert, und Klabund hat es übersetzt:

Blick ich aus dem blassen Kahne
Nieder in die Wasserwildnis:
Zwischen Schilf und Wolkenfahne
Schwimmt des Mondes goldnes Bildnis.

So in meiner Seele funkelt
Die Geliebte groß und prächtig.
Sonne tags den Mond verdunkelt:
Riesig strahlt er mitternächtig.

Wie schön ist dieses Gedicht! Es steht schon mit meiner noch jungen Schrift in meinem Gedichte-Tagebuch von 1959, da war ich sechzehn Jahre alt und habe alle Gedichte, die mir gefielen, abgeschrieben, und alles, was ich einmal abgeschrieben habe, kann ich bis heute auswendig, weil man mit sechzehn noch so viel empfindsamer und aufnahmebereiter ist als mit siebzig!

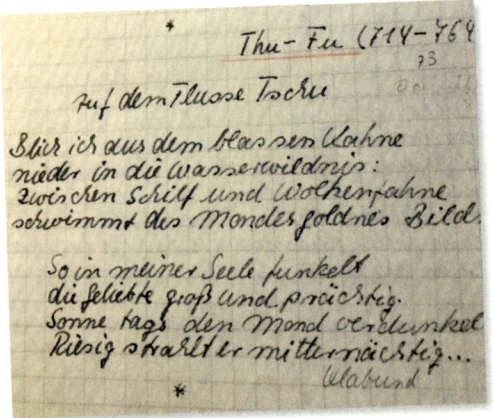

Und abends saßen wir alle zusammen, tranken Tee und sangen David Forman:

> *Anyway, it's all the same,*
> *nothing new except the name.*
> *Lonesome sailor, home from sea.*
> *Drinking smokey china tea.*

Als ich aus Peking abflog, hatte ich – es ist ja eine sehr lange, weite Reise – ein dickes Buch zum Lesen dabei, das *Buch der Unruhe* des portugiesischen Dichters Fernando Pessoa, und ich schlug es auf und traf, an keinerlei Zufälle glaubend, auf diese Textpassage:

»In Peking sterben wollen und dies nicht können gehört zu den Dingen, die auf mir lasten wie eine bevorstehende Katastrophe.«

So spricht ein Träumer, der nie gereist ist und nur Nicht-Möglichkeiten bedenkt …

Ich möchte nicht in Peking sterben. In Peking möchte ich nicht mal leben.

Mit Tom und Macbeth durch
SCHOTTLAND

Als ich mit meinem Freund, dem Fotografen Tom Krausz, Mitte der neunziger Jahre des vergangenen Jahrhunderts in Neuseeland am Strand lag, versteckt in einem Unterstand, morgens um fünf, um Pinguine zu beobachten, da unterhielten wir uns leise über Dinge, die uns bewegten. Wir lernten uns gerade kennen, eine wunderbare Freundschaft begann. Das Böse, sagte Tom, ich überlege immer, was das ist. Woher es kommt. Warum. Ob man es vermeiden könnte. Gibt es das überhaupt, dieses »von Grund auf böse«?

Macbeth, sagte ich, bösester aller Bösewichte, oder? Und wir sprachen über diesen fürchterlichen Schlächter und hatten das Gefühl, vielleicht würden wir mehr verstehen, wenn wir mal durch Schottland wanderten, wo er gelebt und gekämpft hatte.

Und das machten wir, kurz nach der Jahrtausendwende. Wir sind auf den Spuren des legendären Bösewichts Macbeth, Shakespeares blutigstem Helden, durch Schottland ge-

wandert. Ich brauche solche selbstgesteckten Ziele und Aufgaben für meine Reisen, Hotelliegen am Meer sind nicht so mein Ding. Außerdem waren in New York gerade die Zwillingstürme in die Luft geflogen, und Präsident Bush hatte von der »Achse des Bösen« gesprochen. Ich rechne ihn selbst zwar auch dazu oder vielleicht eher noch zur »Achse der Blöden«, aber das Thema ging mir nicht mehr aus dem Kopf. Und Tom auch nicht. Das Böse. Also los.

Schottland. Wow.

Überall klotzige Schlösser und Burgen, die erahnen lassen, was die Clans sich hier einst für Schlachten geliefert haben müssen um Ruhm, Ansehen, Titel, Land. Macbeth hat es ja nicht nur in Shakespeares Phantasie gegeben, und ich sah ihn geradezu im ruppigen Hinterland von *Brodie Castle* auf *Macbeth's Hillock* stehen und auf das Blutbad schauen, das er angerichtet hatte. Jetzt war er fast am Ziel seiner Träume, nur der König musste noch erschlagen werden. In Schottland wird Geschichte lebendig, und die Phantasie tut ihren Teil dazu.

Über Jahrhunderte floss Blut in diesen Boden, Jahrhunderte, in denen Schottland ein landschaftlich und politisch schwer zusammenzufassendes Gebiet war – Schauplatz erbitterter Clanfehden und grausamer Machtkämpfe. Wenn die Herbstnebel über den Boden kriechen, ist jeder Schritt ab vom Weg ins Moor gefährlich. Die Nächte kommen früh und sind finster, die Stürme haben eine unbarmherzige Kraft.

Wer Phantasie hat, sieht Pferde, Männer, Feuer auf den endlosen Flächen, den trockenen Hügeln, hört Schwertgerassel und Todesschreie. Die vielen Friedhöfe mit uralten Gräbern erzählen ihre Geschichten. Hier hat sich zugetragen, wovon Shakespeare berichtet, und wenn wir nur tausend Jahre weiter denken und in New York vor den rauchenden Trümmern von Ground Zero stehen, wo einst die Türme ragten und wo jetzt Blut, Knochen, Leichenteile mit dem Boden vermischt sind, dann sehen wir, das Morden hat nie ein Ende. Wir haben es schon weit damit gebracht. Wir werden auch den Rest noch schaffen.

»It's not dark yet but it's gettin' there«, singt Bob Dylan auf dem Album *Time Out of Mind*.

Auch Macbeth wollte am Ende die ganze Welt mit in den Untergang reißen –

> *Mich müdet langsam alles Sonnenlicht,*
> *Möcht sehn, wie alle Welt in Trümmer bricht. –*
> *(…) Komm, Untergang!* (v,5.)

Das sind die apokalyptischen Ausmaße der Geschichte von Macbeth: Es geht um nicht mehr und nicht weniger als um die Vernichtung der Welt.

Es geht um uns.

Tom und ich haben die Schlösser und Burgen aufgesucht, wo Macbeth gelebt haben soll, wo früher die Könige gekrönt oder in den Nächten abgeschlachtet wurden. Im Park des Palastes von Scone laufen kreischende Pfauen herum, einer heißt Macbeth. Auf dem Boden von Scone soll Macbeth, der sich nach den gründlich missverstandenen Vorhersagen der Hexen für unverwundbar hielt, verblutet sein. Die Bäume sind von Flechten überwuchert, sehen alt und düster aus, etwas Dramatisches liegt über der Szene. Die Landschaft ist männlich,

hier gibt es nichts Liebliches, und die vielen Dorffriedhöfe künden von frühverstorbenen Frauen und altgewordenen Männern. Hinter Forres, auf einem uralten, halb verfallenen Friedhof, stehen auf den Grabsteinen Namen wie MacLeod, MacKenzie, MacDonald, sogar MacBeth. Und natürlich trägt man zu besonderen Anlässen noch immer Schottenrock und Tartan, und jeder Clan hat stolz sein eigenes Karo. Die Berge zeigen braune Rücken wie große, verzauberte Bären, zwei Schritt vom Weg ab versinkt man nass im Moor, aber der Wind trocknet die Haut und die Pflanzen aus. Die Luft ist klar, trocken, man muss abends in den Kneipen tüchtig trinken, und wieder sind es Männer, die einsam und ein bisschen betrunken zur Livemusik tanzen. Das Ganze hat etwas Melancholisches, aber diese Melancholie ist nicht mild, sondern wild: Jederzeit kann irgendwas passieren, drinnen eine Schlägerei aus dem Nichts, draußen kippt ganz plötzlich das Wetter um, und der See wird schwarz. Schottland ist aufregend, es ist lebendig, es verändert sich, während man einen Wanderweg entlanggeht. Eine Kurve mehr, und auf einmal haben die Berge Schneekuppen.

Eine lange, stille Straße weiter, und aus dem Nichts taucht wieder so ein Schloss auf. Kleine Fenster, dicke Mauern, abweisend.

Es ist völlig still, Hunderte von Hasen grasen auf einer Wiese, gerade will sich ein idyllisches Gefühl breitmachen, da heult wieder der Wind, und die Rebhühner flattern auf. Die vielen Eindrücke des Tages geistern nachts durch die Träume. Das Hochmoor, bei *Lochindorb* ein bleifarbener See, eine Burgruine in seiner Mitte, kreischende Vögel, sonst: NICHTS. Geduldig wie ein schlafendes Tier liegt die Landschaft da, ist stärker als wir, löst alte Knoten in der Brust und lehrt uns die Ehrfurcht vor der Schönheit, die wir verloren oder zumindest vergessen haben. Diese Landschaft ist größer als das dumme kleine Ich, und abends im *Cawdor Inn* verraten die Schrotkugeln im gerösteten Fasan, dass er da draußen geschossen wurde und aus keinem Käfig stammt.

Und wir reden wieder über das Böse, nach dem wir ja auf der Suche sind und für das Shakespeares Macbeth steht.

Die Geschichte von Macbeth, was für eine Geschichte ist das?

Es ist eine Geschichte von Mord und Blut, von Ehrgeiz, Macht und Untergang, eine Nachtgeschichte, es ist die Geschichte von der Machbarkeit oder Nichtmachbarkeit unseres Schicksals. Es ist eine Geschichte über die Schrecken der Phantasie. Sie spielt vor tausend Jahren unter Königen und Feldherren in Schottland, die es wirklich gegeben hat. Und William Shakespeare hat sich ein paar Hundert Jahre später diesen blutigen Mann Macbeth aus den historischen Chroniken herausgegriffen, hat einiges so gelassen, wie es wohl wirklich war, hat anderes verändert – Vorrecht der Dichter –, und heraus kam eine Tragödie über das Böse. Diese Geschichte interessiert auch noch heute, auch noch weitere tausend Jahre später, denn es ist ja immer und immer noch da, das Böse.

Was ist das, das Böse? Machen *wir* es, oder macht es *uns*? Sind wir Macbeth? Wozu ist der Mensch fähig, damals wie heute? Macbeth war ein Kriegsheld, ein Schlächter, und als er dann später in hohe Würden eingesetzt wurde und der Krieg vorbei war, blieb er ein Schlächter, um seine Macht auszubauen und zu festigen. Etwas anderes hatte er nicht gelernt.

Und wir? Wir (lassen) morden und bombardieren, wir foltern und richten hin, und wo wir nicht Krieg führen, bestimmen wir den Gang der Welt in den Chefetagen der Banken und Wirtschaftsunternehmen und sind so weit weg von allem Lebendigen wie damals Macbeth. Ob Machtgier, Fanatismus, kriegslüsterne Rache im Jahr tausend durch ein düsteres schottisches Schloss schleichen oder im Jahr zweitausendeins in die sechsundneunzigste Etage eines gläsernen Wirtschaftsturmes krachen, spielt keine Rolle.

Macbeth ist eine Geschichte über uns, auch wenn sie mit »Es war einmal …« beginnt. Es ist eine Geschichte von Rücksichtslosigkeit und Größenwahn, vom Aufstieg und vom Fallen. Es ist die ewige Geschichte unserer Sehnsüchte, unserer Grausamkeit, unseres Verrats. Es ist auch die Geschichte vom Krieg und davon, was er aus den Menschen macht.

Der Krieg ist das Böse. Der Krieg, in dem das Töten erlaubt ist.

Die Drecksarbeit des Krieges ließ Macbeth wie alle Kriegsherren seine Clanfürsten erledigen. Die Tragödie des Macbeth beginnt bei Shakespeare mit einem Blutbad, und sie endet mit einem Blutbad. Die Schöpfung der Welt begann mit dem Chaos, im Chaos wird die Welt enden. Aber das wird ein von Menschen gemachtes Chaos sein.

Als der Feuerball die Türme in New York explodieren ließ, wurde der Tag zur Nacht. Wir können das mit Rauch und Staub erklären, aber die Bilder gleichen sich, und als der Mann auf Golgatha gekreuzigt wurde, verdunkelte sich der Himmel auch. Wir brauchen solche Bilder, um den Schrecken auszuhalten. Wenn schon der Mensch nicht mehr versteht, nicht weiß, wie er reagieren soll, dann wenigstens die Natur. In Shakespeares *Macbeth* ist immer nur Nacht, und sie ist mitfühlender als der Held. Er selbst beschwört sie sogar:

> *Komm, sackschwarze Nacht,*
> *Verhüll dem milden Tag die sanften Augen ...* (III,2.)

What bloody man is that! Das Stück ist von 1606. Shakespeare erlebt gerade heute bei uns seine Renaissance, auf allen Bühnen wird er gespielt, seine Stücke sind Filmstoffe, und Jobexperten haben Shakespeares Figuren für ihre Ziele entdeckt: als psychologische Grundlage für das moderne Management. Shakespeare, der Menschenkenner, muss herhalten, damit sich künftige Manager an seinem Personal orientieren. Richard Olivier, Sohn des berühmten Shakespeare-Darstellers Sir Laurence Olivier, lehrte in Kursen Shakespeares Kunst des »Leadership« – werden Sie kein Zauderer wie Hamlet! Seien Sie intrigant wie Jago, rücksichtslos wie Macbeth, ehrgeizig wie seine Frau, gerissen wie die Portia aus *Der Kaufmann von Venedig*!

Heißt das, wir sollen über Leichen gehen? Tun wir doch schon, sagt Olivier, es wäre naiv, zu behaupten, dass die Geschäftswelt kein brutaler Ort sei. Und von Shakespeare, sagt er, könne man immer etwas lernen in puncto Leidenschaft, Phantasie und Entschlossenheit.

Plötzlich sind Figuren interessant, die nicht erklärbar sind – denn Shakespeare psychologisiert nicht. Die Menschen sind, wie sie sind – und das macht uns zum Beispiel jemanden wie Macbeth so vertraut und bei allem Entsetzen nicht nur abscheulich, denn wir erkennen in ihm uns selbst: Haben wir nicht auch diese dunklen Wünsche in uns, handeln wir nicht auch oft so, dass wir uns selbst gegenüber nicht mit eindeutigen Begründungen aufwarten können?

Das macht Macbeth so aktuell und modern. Zu Beginn des neuen Jahrtausends steckte unsere Gesellschaft in einer tiefen ethischen Krise. Und da steckt sie noch immer, mehr denn je. Was ist noch gut, was böse? Was haben wir selbst in der Hand, was dominiert die Politik, mehr noch: die Wirtschaft? Politische Akteure, ob sie Kriege führen, Gelder unterschlagen, mehr das eigene als das Gemeinwohl berücksichtigen, haben dennoch keinerlei Bewusstsein von Schuld, wie es Macbeth, dieser schreckliche Schlächter, immerhin noch hat, so sehr, dass seine Frau, die letztlich beim Königsmord mitgemacht hat, wütet:

Hab Hände rot wie du; doch würd mich schämen für
Dein weißverzagtes Herz! (ii,2.)

»But I shame to wear a heart so white …« Haben wir je einen unserer Politiker oder Wirtschaftsbosse von Scham reden hören? Es wäre ihr Untergang, Schuld und Scham einzugestehen. Vielleicht empfinden sie nicht einmal mehr Schuld und Scham, vielleicht ist ihnen jeder moralische Maßstab längst abhandengekommen, und es geht ihnen nur noch um Machterhalt und Selbstverwirklichung und nicht mehr um Verantwortung und das Einhalten demokratischer Regeln. Gut: vielleicht nicht alle. Aber es hat sich viel Verdrossenheit festgesetzt. Wir vertrauen nur zögernd.

Wir fürchten diesen Macbeth, er entsetzt uns, aber wir verabscheuen ihn nicht. Er weiß wenigstens, dass das, was er tut, grauenhaft ist, er gibt es zu, er leidet sogar darunter. Aber er weiß auch, dass es kein Zurück gibt.

Macbeth ist nicht irgendein Mann in irgendeinem fernen Jahrhundert. Du bist es, ich bin es. Der Dramatiker Edward Bond schrieb über seine erste Begegnung mit Shakespeares *Macbeth:*

»… und zum allerersten Male in meinem Leben (…) begegnete ich jemandem, der über meine wirklichen Probleme sprach – über das Leben, das ich führte, über die politische Gesellschaft um mich herum. (…) Ich kannte alle diese Menschen.«

Und kühn stellt er Shakespeare neben?, er stellt ihn über Gott:

»Nun, es stimmt nicht, dass Gott jedes Mal im Spiel ist, wenn ein Spatz zu Boden fällt – das wäre etwas viel für ihn –, aber wahr ist, dass Shakespeare sich darum kümmerte. Ganz ohne Zweifel sogar um diesen Menschen Macbeth, – der vielleicht Hitler war. Und so erwachte in mir durch dieses Stück ein Gefühl für menschliche Würde – für den Wert menschlicher Wesen.«

Mit Entwirrung von Schuld, Verstrickung und Terror ist nicht zu rechnen. Legte man die Abgründe frei, säßen auch die Sieger auf den Anklagebänken. In Tragödien vom Ausmaß des Macbeth gibt es keine Katharsis, keine Läuterung. Sie wiederholen sich. Macbeth ist einer, den der Krieg verroht hat. Er hat sich seinem König unterworfen und für ihn getötet, und die Kombination von Unterwerfung, Gehorsam und Grausamkeit ist entsetzlich. Wir können das im 20. Jahrhundert mehr als genug besichtigen. »Die Erfahrung von Auschwitz« nennt es der Shakespeare-Forscher Jan Kott. Wenn erst eine gewisse Schwelle überschritten wurde, ist alles Weitere eher einfach. Mein Schulfreund Hansi, der jetzt in Nürnberg lebt, erzählte mir von einem Mann, den er in Amerika traf – »Nürnberg? I know it, I bombed it!«

Der Krieg hat Macbeth entmenschlicht. Er hat ihn abgestumpft und hat seine moralischen Hemmschwellen eingerissen, da musste die Lady nur noch ein wenig anstoßen. Sie ist nicht schuld. Die allgegenwärtigen Hexen der Phantasie sind nicht schuld.

Tom und ich wissen nach dieser Reise, was es ist, das Böse. Es ist der Krieg, der das aus Menschen macht.

Wenn man tagelang geduldig durch Schottlands grimmige Landschaften wandert und abends am Feuer sitzt, ist weit und breit keine

Menschenseele, niemand, dem man etwas vormachen müsste, man ist ganz allein in einer nie erlebten Stille und hört das eigene Herz klopfen, so endlich, so begrenzt, so sehr ein NICHTS im Weltgeschehen – dann ahnt man das mehr als zuhause vor dem Fernseher.

Es war die Reise, die am meisten mit mir angestellt hat.

»May the bridges I burn light my way.« (Dylan McKay)

Alles schwedisch.
STOCKHOLM

Stockholm erinnere ich als eine im Sonnenlicht glitzernde, glückliche, wunderschöne Wasserstadt. Alles strahlt Frieden und Wohlstand aus.

Und dann fällt mir ein, dass 1986, mitten in der Stockholmer Innenstadt, nach einem Kinobesuch der Ministerpräsident Olof Palme erschossen wurde. Und im schönen *Nordiska Kompaniet* in der *Hamngatan*, einem 1915 gegründeten Jugendstilkaufhaus mit Marmor, Messing, Glasinnenhof und damals Schwedens erster Rolltreppe, in diesem prächtigen, kurz *NK* genannten Kaufparadies, durch das ich stromere, wurde die schwedische Außenministerin Anna Lindh im

September 2003 von einem Neonazi erstochen. Es ist der 15. Oktober 2003. Das Ganze ist gerade mal einen Monat her.

Ich ertappte mich im Kaufhaus plötzlich dabei, irgendwie hier nicht mehr einkaufen zu wollen – tat es aber doch: einen Hosenanzug aus schwarzem Samt von Armani, für die großen Schwedinnen mit ordentlich Busen anders geschnitten als für die zierlichen Italienerinnen und den deutschen Markt, hier passten seine Sachen endlich auch mal mir. Als kurz darauf bei mir zuhause eingebrochen wurde, war der noch nicht getragene Armani-Anzug, an dem noch das schwedische Etikett hing, weg. Es hatte nicht sollen sein.

In der Volksoper, der *Folkoperan,* 1976 fürs Volk gegründet, als Gegenstück zur Königlichen Oper, höre ich Puccinis *Tosca,* und zwar – wir sind in der Volksoper! – natürlich für alle verständlich auf Schwe-

disch, und Floria Toscas inbrünstiger Gesang, sie habe doch nur für die Kunst und die Liebe gelebt und gar nicht gewusst, dass in den Kellern gefoltert wurde – »Vissi d'arte, vissi d'amore«, das klingt auf Schwedisch schon sehr, sehr seltsam, »jag levde för konst, levde för kärlek«. Klang irgendwie alles wie der dänische Koch in der Sesamstraße mit seinem berühmten Song »Smørrebrød, smørrebrød, røm pøm pøm pøm«. Aber die Sänger machen ihre Sache gut, den Scarpia gibt natürlich kein Italiener, sondern der schwedische Bariton Olle Persson, und Floria Tosca wird in »Puccinis dramatiska mästerverk« von Clara Bystrand gesungen.

Und noch eine höchst seltsame Erinnerung an Stockholm:

Mit meiner Freundin ging ich in ein chinesisches Restaurant, ja, in Schweden, aber wir hatten einfach Appetit auf chinesisches Essen. Und aus allen Chinarestaurants weltweit wussten wir: Da bedienen in

der Regel wirklich nur Chinesen, das sind fast immer Familienbetrie-
be. Uns aber bediente ein hünenhaft großer, sehr dunkler Schwarzer,
der so freundlich und lustig war, dass wir ihn schließlich fragten:

»Where exactly in China are you from?«

Und danach mussten er und wir so viel lachen, dass wir kaum noch
essen konnten, und meine Freundin hatte 50 Euro gewonnen, um die
hatten wir gewettet, ob sie sich trauen würde, diese Frage zu stellen.
Sie traute sich, er bekam ein großes Trinkgeld und sagte: »Born in
Sweden.« Das war irgendwie noch komischer. Und es darf auch ein-
fach mal komisch sein, ohne gleich rassistisch sein zu müssen. Aus der
Küche kamen vergnügte Chinesen und lachten mit. Die Welt ist bunt.
Das macht sie schön.

Jack Kerouac, der große ungeduldige reisende Beatnik, hat gesagt:
»Wozu reisen, wenn nicht wie ein Kind?«

Schnell mal auf die
FIDSCHIS

Auf den Fidschi-Inseln war ich nur ein paar Stunden, bei einer Zwischenlandung auf dem Weg nach Neuseeland, von Los Angeles kommend. Die Inseln liegen im Südpazifik, und bis Neuseeland sind es von hier aus noch mal mehr als 2000 Kilometer. Da lohnt es sich, aufzutanken, das dauert hier ein paar Stunden, und so steigen wir am Flughafen Nadi auf der Insel Viti Levu aus dem vollklimatisierten Flugzeug und kriegen schon auf der Treppe einen Schlag – feuchtheiße Luft, fast vierzig Grad, man ist in Sekunden klatschnass geschwitzt und will sich nur noch umziehen.

Wie gut, dass es ein riesiges Klamottengeschäft im Flughafen gibt!! Jetzt wissen wir endlich, wo Jürgen von der Lippe seine kurzärmeligen, bunten, gewaltig gemusterten Hemden kauft: hier, auf den Fidschis. Wir kaufen alle, geblendet von so viel Pracht und Muster, und als wir weiterfliegen nach Auckland, tun wir das bunt gemustert:

mit Ananas, Palmen, nackten
Frauen, Südseestränden,
mit Herzen und Punkten
und Streifen, und ich hätte
nie gedacht, wie bequem so
ein Hemd doch ist.

Ein Gefühl von Zuhause.
DANZIG

Ihr sucht das Bernsteinzimmer? Hier ist es, auseinandergenommen, kleingehackt, aufgefädelt zu Armbändern und Ketten, gefasst zum Ring, zur Brosche, in Hunderten von Läden, einer am andern, so weit das Auge reicht: Bernstein. Was müssen das für Wälder gewesen sein, die derartige Mengen an fossilem Harz hinterlassen haben, dreihundert Millionen Jahre alt – ist das alles wirklich echt? Ich hatte überlegt, mir ein Stück zuzulegen, aber es ist wie mit Konditoreien: Zu viele Torten nebeneinander dämpfen den Appetit. Ich kaufe: nichts.

Ich verlasse die Mariackastraße, in der es nichts als Bernstein gibt, und schließe mich heimlich einer geführten Reisegruppe an. Der Führer ist Kaschube, aus Danzig, in seiner Sprache: *Gduńsk*, und spricht ein herrliches Deutsch mit rollendem R:

»Als ich warrrrd einst ein Knabe, da chabe ich gelaufen barrrr-
fuß …«, und er erklärt uns die Situation der Polen so: »Wenn man
nicht hat, was man liebt, muss man eben lieben, was man hat.« Sehr
weise. »Mit diese Arrrrchitekturrrr«, sagt der Kaschube, »haben uns
Sowjets beglücklicht.« Und an anderer Stelle war »Attentat gemacht
und dann haben sie etwas gesprrrungen.« Gesprungen? Gesprengt.
Das ist schön zu hören.

Danzig war 1945 ein Trümmerhaufen, die Stadt zu 90 % zerstört,
die Juden tot, die Deutschen vertrieben. Und die Polen bauten das alte
Danzig wieder auf, mit bewundernswerter Energie. Hat man es gut
wiederaufgebaut? Das, was ich sehe, ist schön, aber eindeutig nicht gewachsen, sondern nachgemacht, rekonstruiert, ein bisschen – wie
auch Frankfurt um den Römer herum – Puppenstube für Touristen,
aber natürlich nicht überall.

Danzigs mehr als tausendjährige Geschichte ist wechselvoll, tra-
gisch, ein ewiger Kampf – Polen, Deutsche, Kaschuben, Juden – vertrieben, umgesiedelt, getötet, so viel Leid. Im Internet kann man noch
Hitlers Rede von 1939 hören: »Danzig warr, ist und bleibt eine deutsche Stadt.« Und er betont wieder mal, dass ohne den Einfluss der
Deutschen in diesen ganzen östlichen Gebieten nur *Barrrrbarrrei* herr-
schen würde. Nein, »*mein Führer*«: Die Barbarei, die haben Sie gebracht.

Auf Anhieb fallen mir bei Danzig ein: Lech Wałęsa, der mit seiner
Solidarność eine friedliche Revolution geschafft hat, und mein ver-
rückter Freund Holger Czukay, inzwischen auch schon tot, er wurde
1938 hier geboren und hieß noch Holger Schüring, Bassist und Mitbe-
gründer der legendären Band CAN, einer der Gründe, weshalb ich damals nach Köln gezogen bin – die beste Musikszene Deutschlands.
Und auch der Schauspieler Klaus Kinski kam aus Danzig und hieß damals – 1926, als er hier geboren wurde, noch Klaus Nakszynski.

Günter Grass ist zweifellos Danzigs berühmtester Sohn, sein mit
dem Nobelpreis für Literatur gekrönter Roman *Die Blechtrommel*

Da sitzen sie beide vor seinem Geburtshaus, der Dichter und sein Oskar.

spielt zum großen Teil in Danzig, wo Grass geboren und aufgewachsen ist. Er fasst die Geschichte Danzigs so zusammen:

»Zuerst kamen die Rugier, dann kamen die Goten und Gepiden, sodann die Kaschuben, von denen Oskar in direkter Linie abstammt. Bald darauf schickten die Polen den Adalbert von Prag. Der kam mit dem Kreuz und wurde von Kaschuben oder Pruzzen mit der Axt erschlagen. (...) Das geschah in einem Fischerdorf und das Dorf hieß Gyddanyzc. Aus Gyddanyzc machte man Danczik, aus Danczik wurde Dantzig, das sich später Danzig schrieb, und heute heißt Danzig Gdansk.«

In seinem Gedicht »Kleckerburg« von 1967 beschreibt Grass den Klang der Ostsee:

> *Wie macht die Ostsee? Blubb, pifff, pschsch.*
> *Auf Deutsch, auf Polnisch: Blubb, pifff, pschsch.*

Martin Opitz, der schlesische Dichter, der 1624 das *Buch von der deutschen Poeterey* mit Regeln für die Dichtkunst verfasste, wurde vom polnischen König Władysław IV. als Sekretär und Hofhistoriograf in Danzig angestellt, starb aber schon mit 41 Jahren 1639, als in Danzig die Pest wütete. Der große Danziger Dichter ist und bleibt also Günter Grass mit seiner sogenannten Danzig-Trilogie *Die Blechtrommel, Hundejahre* und *Katz und Maus*. Dafür darf er heute neben Oskar Matzerath aus Bronze auf einer Bank in dem Vorort sitzen, in dem er aufwuchs.

Die Weichsel, die den Aufstieg Danzigs zur Handels- und Handwerkerstadt erst möglich machte, sieht man in Danzig übrigens gar nicht. Man sieht die Mottlau, die erst nach einer Biegung in die Weichsel mündet. Und man riecht die Ostsee.

Der Romantiker Joseph von Eichendorff hat Danzig bereist und 1824 ein Gedicht auf die Stadt geschrieben:

In Danzig

Dunkle Giebel, hohe Fenster,
Türme tief aus Nebel sehn.
Bleiche Statuen wie Gespenster
Lautlos an den Türen stehn.

Träumerisch der Mond drauf scheinet,
Dem die Stadt gar wohl gefällt,
Als läg' zauberhaft versteinet
Drunten eine Märchenwelt.

Ringsher durch das tiefe Lauschen,
Über alle Häuser weit,
Nur des Meeres fernes Rauschen.
Wunderbare Einsamkeit!

Und der Türmer wie vor Jahren
singet ein uraltes Lied:
Wolle Gott den Schiffer wahren,
Der bei Nacht vorüberzieht.

Ich wandere durch Danzig mit irgendeinem wehen, unerklärlichen Ziehen in der Brust. Dieses Ziehen fühle ich auch im Baltikum und in Russland. Ich liebe Italien, Griechenland, Spanien, Portugal, den Süden Europas, dort bin ich leicht, leichtsinnig und glücklich. Aber im Osten habe ich immer ein Gefühl von Zuhause, von etwas Schwerem, Dunklem, Verlorenem, das in mir erstickt ist. Ein väterliches Erbe, denke ich; hierher, aus dieser Gegend, irgendwo, kamen die Vorfahren. Ich spüre das. Ich bin traurig. Warum? Keine Ahnung. Wer erklärt, wer versteht schon den Menschen.

KAIRO, *Babylon*

Ich war schon früher mal in Ägypten, am Meer, auf dem Land – ich erinnere mich an Palmenhaine, üppig blühende Bougainvilleen und kleine, zarte, gelbbrüstige Vögel, an weiches, grünblaues Wasser und an eine wundervolle Stille. Jetzt bin ich zum ersten Mal in Kairo. Was für ein Albtraum.

So einen Verkehr habe ich noch nie erlebt, mir nicht einmal vorstellen können. Gegen Kairo ist New York niedlich. Die großen Straßen sind achtspurig, aber es fahren geschätzt zwölf, sechzehn Autos nebeneinander, keiner hält die Spur, es wird rechts und links überholt, alle Autos haben Dellen, Kratzer, es schleift, es scheppert, niemand hält aber wegen so einer Lappalie an. Wir haben einen Fahrer, Amir, er rast rechts, links, zack, *touché*, er hat das Brückengeländer dicht neben

sich, und ich schreie: »Amir! Only one millimeter!«, und er schreit: »Elkie! One millimeter is enough!«, und so rasen wir durch diese völlig wahnsinnige Stadt. Alles wirkt, als halte es gerade noch so zusammen, bloß nicht berühren! Dann fällt es um. Die Gerüche, der Lärm, die verkrüppelten Bäume, das Geschrei. Ist das Babylon?

Was Rudyard Kipling, der Autor des *Dschungelbuchs,* schon 1913 über Kairo geschrieben hat, gilt noch immer:

»Das moderne Kairo sieht heruntergekommen aus. Die Straßen sind schmutzig und schlecht gebaut, die Bürgersteige niemals gefegt und oft kaputt, die Straßenbahnschienen öfters auf den Boden gelegt als dort verlegt, die Rinnsteine ungepflegt. In einer Stadt, in der der Tourist jedes Jahr viel Geld zurücklässt, erwartet man sich Besseres.«

Und ihn dauern, wie auch mich, die Tiere – geschundene Esel und Kamele, armselige Hunde, nach denen Steine geworfen werden, kranke Katzen, die sich in vermüllte Ecken drücken.

Ich nähere mich Orten, an die ich reise, fast nie über Reiseführer oder Pläne, sondern lieber über Bücher, über die Literatur. Und so amüsiert mich, was der große Reisende Herodot, der Vater der Geschichtsschreibung, etwa um 450 vor Christus über Ägypten geschrieben hat:

»Bei Ägypten aber werde ich noch länger verweilen, weil es ein gar zu wunderbares Land ist und mehr Merkwürdigkeiten enthält als irgendein anderes Land. (...) Wie der Himmel in Ägypten anders aussieht als anderswo und der Fluss dort anders beschaffen ist als andere Flüsse, so haben die Ägypter auch ganz andere Sitten und Gewohnheiten als andere Menschen. So gehen bei ihnen die Weiber auf den Markt und treiben Kramhandel, während die Männer zuhause bleiben und weben. (...) Die Weiber schlagen das Wasser im Stehen ab, die Männer im Sitzen. Die Notdurft verrichten sie im Haus und essen auf der Straße; denn nach ihrer Meinung muss man das Unanständige, wenn man es nötig hat, im Verborgenen tun, das Anständige aber vor aller Augen. (...) Söhne brauchen ihre Eltern nicht zu ernähren, wenn sie es nicht wollen. Töchter aber müssen es, auch wenn sie es nicht wollen.«

Das geht noch seitenlang und spannend so weiter: dass Trauernde sich hier das Haar nicht scheren, sondern wachsen lassen; dass überall Brot aus Weizen und Gerste gebacken wird, bei den Ägyptern aber aus Dinkel; die Griechen, sagt Herodot, schreiben und rechnen von links nach rechts, die Ägypter von rechts nach links. Und ganz wunderbar der Schluss, da schreibt Herodot vor rund 2500 Jahren:

»Die Ägypter sind die Ersten, die sich zu der Ansicht bekannt haben, dass die Seele des Menschen unsterblich sei. (…) Dieser Ansicht haben sich auch einige Griechen angeschlossen und sie für sich in Anspruch genommen. Ich kenne auch ihre Namen, nenne sie aber nicht.«

Kairo, *al-Qāhira,* die Starke, die Eroberin, sie hat eine große Vergangenheit, aber welche Zukunft? Als wir im Ägyptischen Museum am Tahrir-Platz waren, hatte der Platz noch nicht seinen Weltruhm durch die niedergeschlagenen Demonstrationen und die massenhaften Vergewaltigungen von Frauen im dichten Getümmel. Mich macht der Nahe Osten ratlos und müde, bei aller Schönheit, die ich auch dort sehe, bei der Liebenswürdigkeit der Gastgeber, der Pracht des Essens. Auch beim grünen Tee mit Minze, *shai bi nana,* in einem Café wie dem *Karnak* von Nagib Machfus – es bleibt eine Männerwelt, in der ich mich nicht wohlfühle und immer hellwach auf der Hut bin. Hier fahre ich nicht in öffentlichen Verkehrsmitteln. Lieber rase ich mit Amir zu den Pyramiden, die ich mir groß, erhaben, still einsam vorstelle. Vom Fenster unseres Hotels aus sah ich sie seit Tagen, im Dunst, in der Morgensonne, unterm nächtlichen Mond, am Horizont, da, wo die Wüste beginnt. Ein Zauber.

Ich fotografiere nie, das macht Tom Krausz für mich, wenn wir zusammen unterwegs sind. Aber sein Zimmer lag zur anderen Seite, und so habe ich genau das, was ich jeden Morgen sah, im Netz gefunden:

Der Zauber verfliegt, fast, wenn man sich nähert. Ja: Sie sind groß und erhaben. Einsam ist es nicht, denn statt sie in der Wüste zu lassen, hat die Stadt bis ganz dicht dran gebaut … die letzten Häuser, ein Parkplatz für Hunderte von Bussen, und dann steht man davor, und wenn man nur hochsieht, nicht zurück auf die Häuser direkt im Nacken: Ja, dann ist es ein erhabener Anblick. Aber die rasant wachsende Stadt frisst die Erhabenheit auf.

Die Vergangenheit, die Gegenwart, die Zukunft. Alles gleichzeitig. Wie damals: Mit dem Bau der Pyramide als Grab für den König wurde begonnen, sobald er auf den Thron kam. Ihre Form soll nach den durch die Wolken brechenden Sonnenstrahlen gebildet sein. Wir ste-

hen vor etwas, das mehr als 5000 Jahre alt ist, die Sphinx sieht mich an. Sieht durch mich hindurch, gelassen. Wir sind ihr alle völlig gleichgültig. Sie ist riesig, ein liegender Löwe, seine Vorderpfoten sind fünfzehn Meter lang. Sie beginnt zu zerbröseln, in der schlechten Luft unseres mickrigen Jahrhunderts.

Die Ruhe der Steine, der Lärm drum herum. Es geht nicht zusammen. Die Jahrtausende atmen leise, die Stadt macht Krach.

Gustave Flaubert, der Orientreisende, ist schwitzend auf den Pyramiden herumgeklettert, dann frierend, Wechselbäder der Gefühle, an seinen Bruder schrieb er im Dezember 1849 aus Kairo:

»Vor zwei Tagen sind wir von den Pyramiden zurückgekommen. Von allem, was ich bisher gesehen habe, ist das gewiss das Schönste, wenngleich der Eindruck auch ganz anders ist als der, den man erwartet. Diese erstaunlichen Bauwerke erscheinen auf den ersten Blick gar nicht sehr groß, weil nichts da ist, was als Bezugspunkt dienen könnte.

Doch in dem Maße, in dem man näher kommt, und besonders wenn man auf sie hinaufsteigt, wachsen sie auf wunderbare Weise und scheinen einen erdrücken zu wollen, so dass man die Schultern einzieht. Was die Aussicht angeht, die man von dort oben entdeckt, so wette ich, dass kein Mensch (…) davon eine Vorstellung vermitteln kann. Man hüllt sich fester in seinen Mantel, weil die Kälte schneidend ist, und hält die Schnauze, das ist alles.«

Wir halten auch die Schnauze, eine Mischung aus Ehrfurcht, Erschöpfung, Enttäuschung, Überforderung, Ratlosigkeit, belagert von Händlern, die uns Souvenirs verkaufen wollen. Ruhe, bitte, einen Moment Ruhe! Aber dann kaufe ich doch etwas: diese drei kleinen Pyramiden aus grünem Glas. Sie stehen auf der Fensterbank vor meinem Schreibtisch. Ruhe. Erinnerung. Salam.

Lotte in SEOUL

In Südkoreas Hauptstadt Seoul war ich mit dem ZDF-Sportteam zu den Olympischen Spielen 1988. Unser Hotel hieß nicht Capitol, sondern wirklich *Capital*, und ich hatte den Satz auswendig gelernt: »*naneun dog-il-eseo wassda*«, ich komme aus Deutschland, und: Ich wohne im Hotel Capital, »*Naneun hotel kaepital-e sanda*«. Damit kam ich so einigermaßen klar bei den Taxifahrern, und bald hieß es unter den Kollegen: Fahr mit Elke, die kann Koreanisch! Es kann auch nie schaden, ein paar Brocken mehr zu wissen, danke, *kamsahamnida*, *cheonman-eyo*, bitte, guten Abend, *annyeyonghaseo*! Nicht ganz einfach, aber es geht und hilft in einem Land mit für uns unlesbarer Schrift. Ich kam einigermaßen durch, wenn auch nicht immer richtig da hin, wo ich hinwollte.

Zu den Sportveranstaltungen fuhren uns Shuttlebusse. 70 000 Soldaten und 30 000 Mann vom Geheimdienst waren in Seoul zusammengezogen worden, um für Ordnung zu sorgen, auch auf jeder Etage des Hotels standen Tag und Nacht bewaffnete Männer in Uniform. Und überall Kameras. Auf 13 000 Athleten kamen 9000 militärische Bewacher. Vor der Küste, wo die Segelwettbewerbe stattfanden, lag ein dreifacher Ring aus amerikanischen Kriegsschiffen und Flugzeugträgern mit Marinetauchern, angeblich, um für Sicherheit zu sorgen. Gegen wen? Für was?

Die Prozeduren am Flughafen waren für uns alle entwürdigend und dauerten Stunden. Die Marathonläufer wurden während der gesamten Distanz von Autos mit Scharfschützen begleitet. Roh Tae-woo war damals Südkoreas Präsident, 2021 ist er gestorben, aber Ende der neunziger Jahre verschwand er wegen seiner Verbrechen während der Militärdiktatur im Gefängnis, in das er selbst zuvor Hunderte protestierender Studenten gesteckt hatte. Sie hatten ihr Recht auf Demokratie eingefordert, als sich die Stadt am Han-Fluss während der Olympischen Spiele erstmals zögernd der Welt öffnete. Das wurde nicht gern gesehen, also weg mit ihnen, wie auch weg mit Tausenden von sogenannten Vagabunden, Armen, Bettelnden, Obdachlosen – sie verschwanden von den Straßen. Wohin? Alkoholiker, psychisch kranke Menschen, verwahrloste Kinder landeten in Heimen, auf deren Grund Jahrzehnte später Leichenreste in blauen Plastiksäcken gefunden wurden.

Nein, wir waren in keinem demokratischen Land, und darum war ich auch für Touristenkultur nicht empfänglich: Ich brauchte Glanz und Glitzer und Trostkonsum. Ich gebe es zu. Ich brauchte Kaufhaus LOTTE.

Ich wollte es unbedingt sehen. Erstens liebe ich Kaufhäuser, die alles haben und deren Haushaltswarenabteilungen immer viel über ein Land aussagen, zweitens hatte mir einer erzählt, das Kaufhaus gehöre einem reichen Mann, der Thomas Manns *Lotte in Weimar* so verehre, dass er es nach ihr benannt habe. Was? Nein, ist falsch. Lotte heißt ein riesiger fernöstlicher Industriekonzern, 1948 in Tokio von einem Südkoreaner gegründet, der mit deutscher Literatur bestimmt nichts am Hut hatte.

Auch falsch. Hatte er doch: Shin Kyuk-ho, der den Konzern gründete, liebte aber nicht Thomas Manns *Lotte in Weimar,* sondern Goethes *Die Leiden des jungen Werthers* und darin besonders die Lotte, in die der dumme Werther sich so unsterblich verliebt, dass er sich am Ende sogar das Leben nimmt, weil Lotte nun mal nicht zu haben ist.

Und Herr Shin gab seiner ganzen riesigen Firma diesen Namen, LOTTE, und so hieß denn auch wirklich das Kaufhaus in Seoul, zu dem mich der Taxifahrer schließlich brachte: LOTTE. Dreizehn Stockwerke hoch, Konsum auf 25 000 Quadratmetern. Na gut, das Ka-DeWe in Berlin hat 60 000, aber Berlin muss ja immer angeben. Geschenkt.

Ich habe in LOTTE viel mehr Stunden verbracht als in all den Tempeln, Parks und Palästen. Aber ich will wenigstens notieren, wie die noch erhaltenen Paläste heißen, denn das ist schön: Der *Palast scheinender Glücklichkeit*, der *Palast illustrer Rechtschaffenheit* oder der *Palast der rechtschaffenen Langlebigkeit*. Klingt irgendwie alles besser als Burg Hohenzollern oder Schloss Stolzenfels. Aber ich hab es nicht so mit Burgen und Schlössern. Mit den Tempeln schon eher: Sie sind stille Orte mit blankgefegten Böden, wo man im Schneidersitz die goldenen Buddhas auf sich wirken lassen kann. Man schweigt, man atmet, innen steigen Erinnerungen hoch und bringen manchmal wohltuende Tränen mit, wenn endlich das Denken loslässt. Ruhe, Frieden.

Nichts davon im Kaufhaus LOTTE. Millionen Menschen. Aber alle sind freundlich und gelassen. Wenn man mit der Metro hinfährt – Linie 2, Ausstieg 7, Haltestelle Euljiro –, dann kommt man erst gar nicht ins LOTTE hinauf, denn darunter lockt das unfassbar weitläufige Shopping Center *Sogong Underground*. Da gibt es auch alles, und billiger. Und da ist wirklich der Bär los.

Aber ich zahlte gern etwas mehr im LOTTE, schon um von entzückenden Verkäuferinnen mit leisen Stimmen behandelt zu werden, als wäre ich die Königin von Saba. Ich habe völlig sinnlose Dinge gekauft, die jetzt zuhause rumliegen (bemalte Essstäbchen, schwarze Lackschalen, Mahjong-Spiele), nur um zu sehen, wie sich die Verkäuferin freut, das kunstvoll einpacken zu dürfen. Ich habe auf Reisen immer eine Extratasche für die vielen Mitbringsel dabei, die gar nicht mehr in meinen Koffer passen würden.

Und da erinnere ich mich an die schöne Geschichte vom ZDF, dem auffiel, dass die Reporter und Mitarbeiter bei Heimflügen aus fernen

Ländern immer Übergepäck hatten. Das ZDF weigerte sich, dieses Übergepäck zu zahlen: So viele Kilos, wie hinflogen, mussten auch zurückfliegen. Aber, liebes ZDF, wir sind ja nicht doof. Nun flogen wir immer mit fünf Ziegelsteinen im Gepäck, über die sich dann fremde Länder freuten: schöne gute deutsche Ziegelsteine gegen afrikanische Masken, Kupfergeräte aus Indien und Mahjong-Spiele aus Korea, geht doch.

Ich nahm meine LOTTE-Tasche eifersüchtig mit an Bord, die durfte nicht verloren gehen. Eine große Rolle Seidenstoff vom *Dongdaemun*-Markt war auch noch drin.

Unbeschwert leben, angstfrei atmen konnte man damals nicht in Korea. Aber konsumieren wie verrückt. In einer Zeitung hatte ich das zusammengefasst etwa so gelesen: Das Geheimnis für das Funktionieren beim Aufbau Koreas sei Druck von innen bei gleichzeitigem Druck von oben, Obsession und Repression ergibt Leistungsexplosion, potenziert durch konfuzianische Lebensregeln, zu denen die Prinzipien Lerneifer und Gehorsam gehören. Das ist die koreanische Kraftpille gewesen, mit der sich Berge versetzen lassen. Aber wie sagt ein chinesisches Sprichwort?

»Und wenn du auch die Kraft hast, einen Berg zu versetzen, so brauchst du doch einen Verstand, der so groß und ruhig ist wie ein Ozean.«

Intensivstation Erinnerung.
THESSALONIKI

Ich habe mich immer über Einladungen des Goethe-Institutes gefreut: Sie haben mich unter anderem nach Paris, Stockholm und Moskau, nach Beirut, Kairo und Thessaloniki geführt, und immer wird man liebevoll aufgenommen, schlecht untergebracht in billigen Hotels und bei minimal bezahlten Lesungen begeistert gefeiert. Es ist jedes Mal ein bisschen Volksfest.

Thessaloniki, die quirlige Hafen- und Universitätsstadt, war 1997 Kulturhauptstadt Europas, und ich durfte im Goethe-Institut vor hier gestrandeten Deutschen und Deutsch lernenden Griechen aus meinen Büchern lesen. Es wurde viel Ouzo getrunken, viel gegessen und gelacht, und immer hatte ich eine Scham und eine Angst im Nacken. Hier in dieser Stadt war einst Europas größte jüdische Gemeinde, mehr als 60 000 Juden lebten in diesem »Jerusalem des Balkans«, bis 1941 die Deutschen kamen. Danach waren es gerade noch 2000 Juden, die hatten überleben können, wie auch immer. Ich weiß in diesen Ländern nie, wie ich damit umgehen soll.

Thessaloniki hat nicht nur die Deutschen überlebt, sondern auch  schon die Römer, die osmanischen Sultane und Byzanz. Häfen werden gern erobert und benutzt zu Handel und Kriegen.

Ich lerne, dass die filterlosen Zigaretten, die ich so gern rauche, an der Bude als »Assos chorís fíltro« gekauft werden, und am 1. November, nach dem orthodoxen Kalender der Gedenktag der heiligen Zwillinge Cosmas und Damianos, die als Ärzte kos-

tenlos die Armen behandelt haben und die als Märtyrer starben, verliebe ich mich in einen schönen Kellner, der mir gedünstete Quitten
mit einem solchen Charme serviert, dass ich fast ohnmächtig werde.
Ich sitze in einer Kneipe unter einem Wandbild, auf dem ein Matrose
einer Galionsfigur an einem Schiff die Lippen mit einem kleinen Pin-
sel so rot malt, dass die Figur wie gleich zum Leben erweckt scheint.
Dann wird sie ihn küssen. Jemand fotografiert das Bild für mich, zuhause lasse ich es rahmen, da hängt es nun, und ich denke an den schönen Kellner. Alles andere aus Thessaloniki habe ich vergessen.

Martin Walser schreibt in *Das geschundene Tier*: »Wenn du kein
Virtuose im Vergessen bist, verblutest du auf der Intensivstation Erinnerung.«

Komm morgen wieder, Wirklichkeit.
LISSABON

Da sitzt er, Lissabons großer, seltsamer Sohn, der verschrobene Dichter, der Sprachkünstler und Geheimniskrämer Fernando Pessoa, aus Bronze hingegossen auf einem Stuhl in der Fußgängerzone vor dem berühmten *Café a Brasileira*, in dem man chronisch unfreundlich bedient wird, viel zu viel bezahlt und in das man sich trotzdem verliebt und in das man täglich einmal einkehren muss, wenn man in Lissabon ist, um eine *bica* zu trinken, ein Tässchen Espresso, der Begriff ist ein Akronym und bedeutet *Beba Isto Com Açúcar*, heißt: »Trink dies mit Zucker.«

Das *Brasileira* ist unglaublich schön, hat eine Atmosphäre, als wäre die Zeit stehengeblieben, und nur wenige Touristen ertragen diese Unfreundlichkeit und die Preise, so ist das auch gedacht: Man will unter sich sein, ohne nordische Kurzhosen in Badeschlappen. Ich verstehe das gut, zahle, ohne zu murren, komme täglich, anständig angezogen, gebe große Trinkgelder, bleibe gelassen, auch wenn mir der Wein so hingeknallt wird, dass die Hälfte rausschwappt, auch wenn ich keinen Zucker zur *bica* kriege, ich klage nicht, und nach einer Woche kippt die Stimmung: Ich bin geduldet, man ist jetzt fast schon nett zu mir.

Pessoa sitzt draußen, aber vielleicht ist es ja auch gar nicht Fernando Pessoa, sondern Alberto Caeiro, Ricardo Reis, Álvaro de Campos oder Bernardo Soares – denn unter all diesen Heteronymen schrieb er, dachte sich für jeden einen eigenen Lebenslauf aus, zum Beispiel so:

»Ricardo Reis wurde 1887 in Porto geboren (ich erinnere mich nicht an Monat und Tag, aber irgendwo habe ich die Daten); er ist Arzt und gegenwärtig in Brasilien. Alberto Caeiro wurde 1889 geboren und starb 1915; er kam in Lissabon zur Welt, lebte aber fast sein ganzes Leben auf dem Land. Er hatte keinen Beruf und fast keine Bildung. Álvaro de Campos wurde in Tavira geboren, am 15. Oktober 1890 (um 1:30 Uhr nachmittags). Er hat Schiffsbauingenieur studiert in Glasgow, doch jetzt ist er hier in Lissabon ohne Tätigkeit.«

Dass ich überhaupt auf die Idee kam, nach Lissabon zu fahren, das war seinetwegen. Er hat seine Stadt wunderbar beschrieben, ohne sie eigentlich wirklich greifbar zu machen – er beschreibt immer nur sein Inneres, seine Gefühle, und auch der Blick auf Lissabon ist von so tiefer Melancholie umschattet, dass die Stadt lockt wie ein Sehnsuchts-

ort. Eigentlich lieben wir ihn so sehr, diesen stillen, sonderbaren, scheuen Poeten, diesen feierlichen Erforscher kleinster Dinge, diesen Humoristen, der nie lächelt, diesen portugiesischen Dichter Fernando Pessoa, Bruder von Robert Walser, Franz Kafka und Ennio Flaiano, die wir Bücherliebhaber genauso eifersüchtig als persönliches Gut hüten – eigentlich lieben wir ihn so sehr, dass wir ihn nicht teilen wollen. Wir reden über ihn nur mit Kennern, verschwörerisch.

Und man findet ihn dort überall, nicht nur vor dem *Brasileira*. Er ist auf Hauswände gesprüht und auf Briefpapiere gedruckt, und natürlich liegen seine Werke in den Buchhandlungen. Aber wird er auch gelesen?

Er ist sperrig, seine Texte erschließen sich dem Leser nicht ohne Mühe, aber wenn man sich darauf einlässt, wird daraus eine Liebe fürs Leben. *Das Buch der Unruhe* möchte ich nicht mehr missen, ich hatte es auf vielen Reisen dabei, auch weil Pessoa so vehement gegen das Reisen schreibt:

»Reisen? Existieren ist reisen genug. Ich fahre von Tag zu Tag wie von Bahnhof zu Bahnhof im Zug meines Körpers oder meines Schicksals und blicke auf Straßen und Plätze, auf Gesichter und Gesten, immer gleich und immer verschieden, wie auch Landschaften es sind. Was ich mir vorstelle, sehe ich. Was anders tue ich, wenn ich reise?« Und: »Nur äußerste Schwäche der Einbildungskraft rechtfertigt, dass man den Ort wechselt, um zu fühlen.«

»So spricht ein Träumer, der nur Nicht-Möglichkeiten bedenkt«, sagt mein Freund, der Musiker Hansonis, der ein sanftes Lied über Lissabon, die Altstadt, die *Alfama*, die Liebe dort geschrieben hat, Pessoa-Kenner, natürlich:

Einer fährt, einer geht
Sie will nicht stehen, er will nicht gehen
Auf dem Rossio regnet es
Die Stadt ist grau
Grau und schön
Wie Du und ich
Alfama

Victor Hugo sagte: »Melancholie ist das Vergnügen, traurig zu sein.« Hansonis kennt
dieses Vergnügen.

Pessoa entzückt mich immer wieder, ist
ein Satz wie dieser zum Beispiel nicht um-
werfend:

»Die Füße Christi berührt zu haben ist
keine Entschuldigung für eine fehlerhafte
Interpunktion.«

Ich kaufe mir das Buch auch auf Portu-
giesisch, obwohl ich diese Sprache nicht le-
sen kann, einfach weil es so schön ist und irgendwie »näher dran«, im
Original eben.

An den Abenden gehe ich in die Oper, ins *Teatro Nacional de São Car-*
los.

Christoph Dammann, mit dem ich lange und beglückend an der
Kölner Oper zusammengearbeitet habe, ist jetzt hier Opernintendant
und lädt mich ein. Julia Jones dirigiert Puccinis *La Bohème*, Peter Kon-
witschny hat inszeniert, die damals gerade erst entdeckte, heute welt-
berühmte Ausrine Stundyte singt die Mimi, und wieder spüre ich, wie
auf all meinen Reisen in all diesen Opernhäusern, die für mich immer
dazugehören: Die Welt kann noch so komplex, verwirrend, unter-
schiedlich sein – wenn es dunkel wird und die Musik ertönt, ist die

Stimmung überall gleich, entspannt, friedlich, die Musik verbindet, berührt, bewegt uns alle. Und Mimis Geschichte ist keine italienische, es ist eine Geschichte von Armut, Künstlertum, Eifersucht, Leiden und eine Geschichte des *Trotzdem*. Wir kennen das doch alle. Es muss weitergehen. Und wenn das erzählt wird mit Musik – für mich gibt es nichts Schöneres. All meine Reisen drehen sich letztlich darum: um das, was uns verbindet. Deswegen habe ich, wo immer ich bin, niemals ein Fremdheitsgefühl, auch dann nicht, wenn ich, wie in China, Russland, Arabien, die Sprachen nicht verstehe, nicht einmal lesen kann. Ich fühle überall mehr das Verbindende, das Gemeinsame als das Trennende. Und deshalb reise ich so gern allein. Ich brauche Begegnungen mit dem ganz anderen. Der einzige Reisegefährte, den ich immer ertrage, ist der freundliche Tom, der die Fotos zu unserer Erinnerung macht. Aber in Lissabon war ich ganz allein.

Das Schönste an Lissabon: die Kirschlikörbude auf dem *Rossio,* dem großen Platz in der Stadtmitte, eigentlich *Praça de Dom Pedro IV.*

Der herrliche Likör heißt *Ginja,* die Bude »A Ginjinha«, und es ist keine Bude, es ist eine kleine Bar, in der es nichts anderes gibt als diesen Kirschlikör, und das seit 1840 in der fünften Familiengeneration! Das ist eigentlich auch kein Likör – es ist Schnaps, *aguardente,* so um die 20 %, mit Schattenmorellen und ordentlich Zucker aufgesetzt, wie es meine Mutter früher mit Korn, Kandis und Schwarzen Johannisbeeren gemacht hat. Man trinkt den *Ginja* aus kleinen Gläschen, immer ist mindestens eine Kirsche mit drin, mit Stein, und den Stein spuckt man seit Generationen aus und tritt ihn ins Kopfsteinpflaster, das dadurch ganz und gar wunderbare Muster hat. Man wird leicht bedudelt, »komm morgen wieder, Wirklichkeit!« sagt Pessoa.

Im Internet kann man heute alles bestellen, auch diesen Kirschenschnaps, der gegen jede Krankheit von Leib und Seele helfen soll. Es ist nicht dasselbe. Man muss ihn in Lissabon trinken, vor der Bar, mit allen andern. Von Lissaboner Kneipengängern stammt angeblich der

Wird schneller leer, als man gucken kann!

Satz: »Strömender Regen, wachsende Traurigkeit, da hilft nur Brannt-
wein, um die Wunden zu waschen.« Aber vielleicht hat der portugie-
sische Mathematiker und Dichter José Cardoso Pires das auch nur für
sein schönes Lissaboner Logbuch erfunden.

Und wenn man dann ein bisschen betrunken ist von der weichen
Luft, dem süßen Schnaps, der Schönheit dieser Stadt, vom Duft des
Meeres und der vermeintlichen Leichtigkeit des Lebens, dann fällt

einem, dann fällt mir wieder ein Satz von Pessoa ein:

»Ich betrachte das Leben als eine Herberge, in der ich verweilen muss, bis die Postkutsche des Abgrunds eintrifft.«

Ich möchte heute an diesem Tag *muss* durch *darf* ersetzen.

Der gute Papst von ROM

I ch war als junges, welthungriges Mädchen mit dem billigen Schü-
ler- und Studentensonderzug nach Rom gefahren, sechzehn Jahre
alt. Ich wohnte sechs Wochen in der Via Alessandro Farnese bei evan-
gelischen Schwestern, gut behütet, aber tagsüber konnte ich herum-
stöbern und lernte einen netten jungen Mann kennen, der Friedrich
Moll hieß und mit einer deutschen Reisegruppe unterwegs war. Er
hatte sich mal kurz abgesondert, und zack, Blicke, Grinsen, es hatte so
ein bisschen gefunkt, und er sagte: »Wir haben heute eine Audienz
beim Papst, komm doch mit!« Ist das zu fassen, so ein Satz? Das war
1959, und der Papst hieß Giovanni XXIII., im Volksmund nur »il Papa
buono« genannt, der gute Papst, denn Angelo Giuseppe Roncalli
folgte auf Pius XII., der schon sehr laut geschwiegen hatte zur Zeit der
Nazis. Jahrzehnte später hatte ich ein Haus in Norditalien und aß bei
einer befreundeten Familie, in deren Küche il Papa buono hing, da war
der aber schon längst tot, und seit über zehn Jahren und noch für weitere sechzehn Jahre regierte im Vatikan stellvertretend für den Himmel Karol Wojtyła, Papst Johannes Paul II., der diesen Beinamen nicht
bekam, und ich fragte nach. Ja, sagte Mutter Marinelli, die aus Rom
stammte, Giovanni, das sei nun mal Papa buono, »l'altro«, sagte sie,
den anderen, den aus Polen, »il polacco di Roma, non vogliamo in cu-
cina«, den wollen wir in der Küche nicht haben.

Friedrich Moll, von mir nur noch F-Moll genannt, hatte also mit
der Gruppe eine Audienz beim Papst! Ich rannte in die Via Alessandro
Farnese, zog die Shorts aus und ein Kleidchen an, lieh mir von den
Schwestern ein Tuch, das ich züchtig über Kopf und Schultern zog,
und traf F-Moll und die Gruppe an der Engelsburg. Los ging's.

Es war in einem Riesensaal auf dem Vatikangelände, ich weiß nicht

mehr genau, wo, ich ging als F-Molls aus Versehen nicht gemeldete Cousine mit durch, im Saal waren außer uns noch Hunderte. Und dann kam ein gütig aussehender Mann, den man sich in Bauernkleidern eher vorstellen konnte als in dieser prächtigen Robe. Und wirklich war Roncalli ja auch ein armer Bauernsohn aus der Lombardei, aus einer Familie mit zwölf Geschwistern. Er sprach ein paar Minuten mit leiser Stimme und segnete alle im Saal, und dann war es auch schon vorbei.

Aber es ist nicht so, als hätte es mich nicht doch ergriffen: Mich hatte ein Papst gesegnet! In Rom! Und zwar der gute, *il Papa buono*. Und das verfolgte mich bis in meinen aufgeregten Teenagerschlaf. Mein Tagebuch aus der Zeit enthält seitenlange Überlegungen, ob ich doch wieder auf Gott vertrauen sollte, ob doch was dran wäre an alldem und ob ich jetzt auch »gebenedeit unter den Weibern« wäre. Wie ist man, gesegnet? Schon ein bisschen auf Zehenspitzen, das muss ich sagen.

F-Moll fuhr im Bus mit seiner Gruppe wieder ab und war schnell vergessen, dieser Papst blieb mir nah. Er starb am Pfingstmontag in dem Jahr, in dem ich Abitur machte. Einmal hat er an einem 27. Dezember in Köln die Messe gelesen, und immer wenn ich im Dom sitze und das schöne Richterfenster anschaue, denke ich an diesen Papst, diesen liebenswürdigen, freundlichen Mann, der mich gesegnet hat. Und ich bin ihm dankbar.

Am nächsten Morgen zog es mich frisch Gesegnete zum Petersdom, sonst hatte ich mich eher auf der Via Veneto herumgetrieben, in Eisdielen oder auf der Spanischen Treppe bei den Freaks. Aber ich wollte gucken, wo mein Papst wohnte, und ging ziemlich ahnungslos hinein, und da war gleich rechts Michelangelos *Pietà*, damals noch nicht hinter Panzerglas.

Die Mutter hält ihren toten Sohn im Arm und schaut auf ihn, und das alles ist aus weißem Marmor, und man spürt seinen Schmerz und ihre Kraft und die Verzweiflung und die Duldung und sein Leid, und es war nicht zu begreifen, dass das Stein sein sollte, man wollte den Kopf daranlegen und weinen, seine Hand nehmen, ihr Gesicht streicheln – ich hatte nicht gewusst, dass so etwas möglich war, so etwas Großes, Unfassbares. Ich kann mich an gar nichts anderes in Rom mehr erinnern, doch, an Raffaels Grab im Pantheon mit dem großartigen Grabspruch »ille hic est Raphael, timuit quo sospite vinci, rerum magna parens et moriente mori«. Das heißt etwa: Das hier ist jener Raphael, den die große Mutter (die Natur) fürchtete, als er noch lebte (fürchtete, von ihm übertroffen zu werden), und nun fürchtet sie zu sterben, da er starb. Ich erinnere mich an die Reiterstatue des Marc Aurel vor dem Kapitolinischen Museum, an die Eisdiele auf dem Campo de' Fiori, an die Katzen im Kolosseum, an die Kuppel des Petersdoms, an vieles, sogar an einen Kuss, nicht von F-Moll, sondern von einem serbischen Sänger, der im Vorabendprogramm des italienischen Fernsehens »Santa Lucia« und »O sole mio« sang, mit sechzehn küsste man viel.

Aber diese Frau aus Marmor mit ihrem Sohn, die einfach nur dasaß, ihn hielt und wohl dachte: Warum er? Was mach ich jetzt? Was wird aus uns allen? – das war der stärkste Eindruck, den je ein Kunstwerk auf mich gemacht hat. Ich stand davor und weinte so heftig, dass ein Aufpasser aus dem Dom kam und mich gütig fragte, was denn los wäre. Aber er verstand es auch so. Er nickte nur und sagte: »Si. Michelangelo. Ecco.«

Später habe ich ein bisschen nachgelesen. Ein Skandal sei diese Skulptur damals gewesen, 1499, weil Gottes Sohn im Schoß einer Frau lag, die vom Alter her nicht seine Mutter sein konnte – stimmt, war mir auch aufgefallen, aber in der Ewigkeit, dachte ich, ist eben alles jung und schön. Michelangelo selbst soll dazu gesagt haben, eine Jungfrau ohne sündiges Leben altere eben anders! Ein Skandal auch, weil Jesus nackt war, nackt im Schoß einer Frau. Aber Gottes Stellvertreter war zu der Zeit Papst Alexander VI., aus der sündigen Borgia-Familie stammend, er hatte eine Geliebte und etliche Kinder, und der war mit Nacktheit vertraut, und das Kunstwerk blieb im Petersdom, basta. Michelangelo war damals 25 Jahre alt. Wie kann ein so junger Mensch aus Stein etwas so Perfektes schaffen? In den siebziger Jahren hat ein verwirrter Mann namens Laszlo Toth, der sich selbst für Jesus hielt, die Skulptur mit zwölf Hammerschlägen schwer beschädigt. Er brach Marias linken Arm, haute ihr die Nase ab und zerstörte das linke Auge. Rund hundert kleine Marmorstücke sollen auf dem Boden gelegen haben, von Restauratoren wurden sie mühsam wieder zusammengesetzt und mit Kleber an die richtigen Stellen gebracht, die Löcher und Lücken wurden mit Marmorpulver gefüllt. Seitdem ist das Werk hinter Panzerglas. Wir sehen also beschädigte Schönheit. Das macht es irgendwie noch ergreifender.

Leonard Cohen singt: »There's a crack in everything, that's how the light gets in.«

Jahrzehnte später, ich habe ein kleines Haus in Köln. In den ersten Jahren kamen am 6. Januar immer die Sternsinger vorbei, sangen, segneten das Haus und bekamen dafür Schokolade, Mandarinen und ein bisschen Geld. Sie kommen schon lange nicht mehr. Aber mir fehlte die Kreideschrift an der grünen Holztür, und irgendwann habe ich mir weiße Kreide gekauft, ein kurzes Gebet gesprochen und gedacht: *il Papa buono* hat mich schließlich gesegnet, dann kann ich auch mein Haus selber segnen. Und das tue ich seitdem jeden 6. Januar.

Christus Mansionem Benedicat –
Christus segne dieses Haus.

... WEITER ...

Ein Labyrinth in SALZBURG

Friedrich Nietzsche schrieb kurz vor seinem geistigen Verfall die *Dionysos-Dithyramben*, die in ihrer endgültigen Form 1891 als Anhang zu seiner philosophischen Dichtung *Also sprach Zarathustra* erschienen. Dithyramben sind altgriechische ekstatische Chorlieder zum Dionysoskult. Dionysos ist der Gott des Rausches, der Exzesse, der Ekstase. Nietzsche war schon auf der Schwelle zum Wahnsinn, und die Dithyramben enthalten, vorsichtig gesagt, pathologische Momente. »Dies sind die Lieder Zarathustras, welche er sich selber zusang, dass er seine letzte Einsamkeit ertrüge«, so steht es im Vortext zu *Zarathustra*. Für Nietzsche war ohnehin Musik »das Von-selber-Ertönen der tiefsten Einsamkeit«.

Warum hat Wolfgang Rihm ausgerechnet diese Texte vertonen wollen? 2010 wird seine Oper *Dionysos. Szenen und Dithyramben* in Salzburg bei den Festspielen uraufgeführt und lässt mich ratlos zurück, sowohl der Text als auch die Musik.

Der Dichter N. kommt auf die Bühne zunächst als stummer Wanderer, von Frauen umgarnt wie Alberich von den Rheintöchtern in Wagners *Ring*, dann spricht er plötzlich und sagt zu Ariadne: »Ich bin dein Labyrinth.« Das sagt er oft, das singt er oft, immer wieder ist er das La-La-La-Labyrinth, und ich bin zu dumm, das zu verstehen. N. macht eine gefährliche Tour ins Hochgebirge – »die Luft geht fremd und rein! Die Sonne sinkt!«, die Musik untermalt schroff –, und dann gerät der Wanderer in ein Bordell, in dem Frauen – natürlich verfremdet – den Bachchoral »Es ist genug« singen. Am Ende wird N. die Haut abgezogen, und diese Haut beginnt zu ekstatischer Musik ein Eigenleben.

An der Produktion lag es nicht, dass ich so ratlos war. Hervorragende Sänger (Kränzle, Erdmann, Klink), Dirigent Ingo Metzmacher,

Bühnenbild Jonathan Meese, Regie Pierre Audi, der französisch-libanesische Regisseur und Fachmann für experimentelle Avantgarde. Die Opernwelt kürte das Stück später zur Aufführung des Jahres. Und zwar: als komische Oper.

Und ich: bleibend ratlos. An Nietzsche liegt es nicht.

Ich treffe Rihm, Salzburg ist ja klein, man trifft alle irgendwann, er kommt groß und prächtig daher mit weißem Haarkranz und sieht exakt aus wie eine Wiedergeburt von Goethe.

Er ist Medienliebling, gefördert als avangardistisches Flaggschiff, aber ich finde, seine Intellektualität und immense Belesenheit schaden der Sinnlichkeit, die eine Oper haben sollte. Oper darf nicht elitär und eklektisch sein, Oper muss natürlich auch nicht immer und immer *Die Zauberflöte* sein. Aber *Dionysos-Dithyramben*? Wen erreicht das noch? Rihm spricht nie von Oper, er spricht von Musiktheater, wie Richard Wagner. Aber bei Wagner – wie viel Leidenschaft, Eros, Kraft, Leben auf der Bühne! Und Rihm?

Es gibt kein Libretto. Die Stimmung der Verse, einzelne Zeilen wurden in Klänge gesetzt. Rihm wird in Salzburg gefeiert als »Kontinent

Rihm«, und er galt ja auch immer als Klangentfessler. Und jetzt? Unser Gespräch verläuft zunächst freundlich, in schöner Salzburger Sonne, aber als ich andeute, dass ich mit dieser Premiere nicht viel anfangen kann, stürzt Eis über mich herein. Und wir brechen ganz schnell ab. Die Oper wurde 2011 in Amsterdam, 2012 in Berlin nachgespielt – ansonsten: Stille.

Aber immerhin: Die Salzburger Festspiele, deren allererste Opernaufführung Mozarts *Don Giovanni* war, 1922, dirigiert von Richard Strauss, haben sich getraut. Diese 90. Festspiele im Jahr 2010 stehen unter dem Motto »Mythen« – da stoßen Gott und Mensch schon mal zusammen. So auch in *Ödipus auf Kolonos,* das Alterswerk des Sophokles, der seinen Ödipus nicht so enden lassen wollte – das Orakel hatte sich erfüllt, Ödipus hatte seinen Vater Laios getötet, den König von Theben, unwissentlich seine Mutter Iokaste geheiratet, mit ihr vier Kinder gezeugt und sich dann die Augen ausgestochen vor Entsetzen, als ihm alles bewusst wurde.

Und dann?

Nun ist er alt und zieht mit seiner Tochter Antigone durchs Land, blind, weit weg von Theben. Er landet auf dem Hügel Kolonos nahe Athen in einem heiligen Hain, und der neunzig Jahre alte Sophokles schrieb hier 406 vor Christus ein versöhnliches Stück, ein Stück über Schuld und Schicksal, Krieg, Tod und Ehrfurcht. Der alte Ödipus wird beim alten Sophokles zum Retter Athens und steht sozusagen am Beginn der Demokratie. Das Stück verhandelt wie auch Shakespeares *Macbeth* die Frage nach dem freien Willen – inwieweit wird unser Leben bestimmt, und wo bestimmen wir es selbst? Hinter jedem Tun steht ein Entschluss, der Alternativen ausschließt und Konsequenzen hat, die wir anfangs nicht übersehen können, erst in der Rückschau begreifen wir sie. Hat Sophokles recht, wenn er sagt, angesichts all dieser Irrtümer wäre es besser, nie geboren zu werden? Ist ein Erlöser in Sicht? Ist die Kunst dieser Erlöser?

Über Stunden, in denen Hunderte von Zuschauern den Atem anhalten, spricht Klaus Maria Brandauer diesen großen Ödipusmonolog mit einer Intensität, die unvergesslich ist –

> *Bin ich denn böse, weil ich viel erlitt?*
> *Ich tat's im Traum und hätt' es nicht getan,*
> *wenn ich davon gewusst ...*

Ich war so oft in Salzburg, so oft bei den Festspielen, habe all die kleinen, Konzertkarten verkaufenden Mozarts in roten Samtröcken und mit weißem Zopf herumwuseln sehen, habe Mozartdenkmäler und Mozartpostkarten und Mozartkugeln bestaunt, habe grandiose Premieren erlebt und wunderbare Konzerte gehört.

Aber Brandauer als der alte Ödipus mit den alten Fragen der Menschen zu Schuld und Vergebung – das war: das Größte.

Claudio Magris, der Kosmopolit und kluge Schriftsteller, war in jenem Jahr Gastdichter in Salzburg. Er hatte ein Jahr zuvor in seiner Dankesrede für den Friedenspreis des Deutschen Buchhandels in der Frankfurter Paulskirche gesagt: »Im Meer der Unsicherheiten des Lebens gibt es nur eine Straße, der man blind folgen kann: die der Kultur.«

Der Schwan von PESARO

O Pesaro!«, schreibt der Schriftsteller und Opernliebhaber Herbert Rosendorfer. »Die Stadt klingt wie eine Muschel, die man ans Ohr hält, aber nicht nach dem Rauschen des Meeres, sondern nach der Musik jenes Schwanes von Pesaro ...«

Vielleicht hat die Tatsache, dass dieser »Schwan«, dass Gioachino Rossini in Pesaro geboren wurde, die kleine Stadt in den italienischen Marken davor bewahrt, so hoch mit Hotelbauten aufgetürmt zu werden wie ihre touristischen Adrianachbarn Rimini und Cattolica. Stendhal, der als großer Fan schon zu Lebzeiten des noch jungen Rossini eine Biografie über ihn verfasst hat, beschreibt es 1824 so:

»Es ist ein vielbesuchter Hafen. Pesaro liegt inmitten bewaldeter Hügel, und die Wälder reichen genau bis zum Meeresufer. Nichts ist öde, unfruchtbar, vom salzigen Meerwind zerfressen.«

Und beinahe so ist es noch immer. Man flaniert durch eine hübsche Altstadt, an deren Ende ein typisches italienisches Opernhaus steht, 1637 erbaut: außen ockerfarben und bescheiden, innen beige mit kleinen Lämpchen, gemalten Engelchen, rotem Samt, fünf Ränge hoch.

Und man spielt mit Leidenschaft und Liebe die Opern des großen Sohnes der Stadt, der hier aufwuchs. Sein Vater war Stadttrompeter und Hornist im Orchester, seine Mutter sang, der Sohn spielte früh Geige und Klavier. Seit nun 33 Jahren richtet seine Geburtsstadt ihrem »Schwan von Pesaro« ein Festival aus, von dem man gerührt denkt (nach Bayreuth, nach Salzburg, nach München): Das ist sicher dort sehr nett, klein und nicht so trubelig, da sollte man auch mal hin. Also bin ich hin, beim ersten Mal aus Neugier und dann immer wieder.

Es ist nicht klein. Sie verkaufen dort in den vierzehn Tagen, die es dauert, rund 18 000 Karten. Es ist nicht nett, es ist überwältigend und beeindruckend, aber ohne Salzburger Schickeria und ohne Bayreuther Gemeinde. Es ist nicht nur nicht trubelig, es hat grandiose italienische Lässigkeit – ein perfekt organisiertes Festival auf hohem künstlerischen Niveau. Ein Belcanto-Prinz wie Juan Diego Flórez singt hier – am Ausgangspunkt seiner Weltkarriere! – aus Dankbarkeit fast in jedem Jahr. Inzwischen ist er sogar künstlerischer Direktor. Als ich zum ersten Mal dort war, sang er den Arnold in Rossinis *Guillaume Tell*, eine der schwierigsten Tenorpartien überhaupt – 750 Töne liegen über dem hohen G, das hat Opernfan James Joyce mal errechnet, und selbst ein Pavarotti hat sich nur im Studio getraut, diese Rolle zu singen. *Guillaume Tell* wird hochpolitisch inszeniert am anderen Spielort der Stadt gegeben, einer riesigen, 2006 eröffneten Arena, die aussieht wie ein Käfer, der wegfliegen will. Dieser *Tell* klingt um nichts weniger dramatisch und großartig als Verdis *Don Carlo,* und wir begreifen, warum Verdi bei Rossinis Tod tief erschüttert begann, ein Requiem auf den großen Kollegen zu schreiben. Er war der König der leichten Oper, der Opera buffa, *Der Barbier von Sevilla* ist wohl die unsterblichste unter ihnen, von manch anderen haben oft nur die wunderschönen Ouvertüren überlebt. Und dann legt dieser Charmeur der leichten Oper, der »amüsanten Gaukeleien« (so Richard Wagner), nach 38 mehr oder weniger heiteren Opern, die ihn zum populärsten Komponisten Europas gemacht hatten, dieses ernste Meisterwerk hin. Der Komponist Donizetti sagte über Rossinis *Tell*: »Den ersten und den letzten Akt hat Rossini geschrieben, den zweiten Gott.«

Nach 39 Opern in rund zwanzig Jahren ausgelaugt, zermürbt von Krankheiten und Ärger mit der damaligen Aufführungspraxis, beendete Rossini nach dem *Tell* 1829, mit 37 Jahren, seine Komponistenlaufbahn in Sachen Oper. Es gibt einen Kommentar dazu von ihm selbst:

»Diese Kunst, die ihre alleinige Basis in Idealismus und Gefühl hat, kann sich nicht von der Zeit, in der wir leben, entfernen. Idealismus und Gefühl sind heute völlig umgeschlagen in Dampf, Ausbeutung und Barrikaden ...«

Der italienische Theatermann und Nobelpreisträger Dario Fo erklärte es so: »Ein Mann, der Musik schrieb, als wäre es ein Liebesspiel oder ein gastronomischer Genuss, ein Mann, der Seufzer, Rülpser und Lachen zelebrierte, der mit der Musik gleichzeitig lachte und weinte, zog sich zurück aus einer Welt, die mit dem Komischen immer weniger anfangen konnte.«

Die Theater, fand Rossini zudem, waren in miserablem Zustand und die Gesangeskunst auch. Der äußere Apparat – Bühnenbilder, Dekorationen, technische Effekte – wuchs immer mehr an, das alles verdrängte die Musik, und Rossini war nicht nur ausge-

93

laugt, er hatte einfach keine Lust mehr auf diesen Jahrmarkt. In den folgenden fast vierzig Lebensjahren komponierte er noch – aber keine Opern. Er komponierte kleine Stücke und eine herrliche Messe, die *Petite Messe solennelle*.

»Lieber Gott«, steht in seiner Handschrift auf der letzten Partiturseite, »da ist sie, die arme kleine Messe. Ist es wirklich geistliche Musik, die ich da geschrieben habe, oder am Ende gar Musik des Teufels? Ich bin für die Opera buffa geboren, wie du genau weißt. Ein wenig Geschick, ein wenig Herz – das ist alles. Sei also gesegnet und gewähre mir den Einzug ins Paradies ...«

Ich bin sicher, Gott hat ihn eingelassen ins Paradies!

Die Legende sagt, er, der so gern aß, sei dann Koch geworden. Das stimmt nicht – es gibt von ihm nur ein einziges Salatrezept mit Sardellen, erhalten durch einen Brief an seine erste Frau. Die *Tournedos à la Rossini* bedeuten nichts anderes als: mit reichlich Gänseleber und Trüffeln zubereitete Rinderfilets. Vielleicht kochte er mal für Freunde, aber er blieb, was er immer war: Musiker. (Obwohl: Er soll eine Fisch- und Schweinezucht betrieben haben!) Es gibt ein Zitat von Rossini: »Ich gebe zu, dreimal in meinem Leben geweint zu haben: als meine erste Oper durchfiel, als ich Paganini die Violine spielen hörte und als bei einem Bootspicknick ein getrüffelter Truthahn über Bord fiel.«

Dieser stets freundliche, lebenslustig erscheinende Mann litt an Depressionen und an den Folgen einer Geschlechtskrankheit, an Bla- sen- und Darmproblemen. Erst seine zweite Frau, Olympe Pélissier, stabilisierte ihn und half ihm, ein halbwegs gutes Leben zu führen – in Frankreich und Italien. Nach Pesaro kam er nicht mehr, aber in Pesaro wird er bis heute geliebt und alljährlich im Sommer, vierzehn schöne Tage im August, gefeiert.

Die liebenswerte kleine Stadt entzückt und überrascht mit der ho- hen Qualität der Aufführungen, in jeder Hinsicht. Zum Beispiel *Die Italienerin in Algier*, 1813 uraufgeführt, im Geburtsjahr Verdis und Wag- ners, einem Jahr, in dem Rossini gleich vier Opern schrieb. Die Ge- schichte ist etwas blödsinnig, aber in Pesaro hinreißend lustig und flott inszeniert. Die Sänger sind brillant, die Chöre kräftig, das Orchester aus Bologna überzeugt, der Applaus ist groß. Die Musik ist heiter, Stendhal schreibt: »Das erste Merkmal von Rossinis Musik ist eine ge- wisse Schnelligkeit, die alle düsteren Gemütsbewegungen aus unserer Seele vertreibt.«

Man kommt hier immer gut gelaunt und beschwingt aus dem The- ater, und ganz egal, wie spät es ist, in der Stadt sitzt man draußen und isst auch nachts um eins noch Spaghetti oder einen Teller Schinken oder Käse, trinkt Wein, lacht, redet, und nie heißt es wie bei uns: Kü- che um zehn Uhr dicht. Das ist eben Italien. Und am schönsten sitzt man auf der Piazza Lazzarini oder gleich um die Ecke in einem Lokal, das so heißt, wie man herauskommt: »Contenti e Felici«. Zufrieden und glücklich – mit dem Ort, der Musik, in dieser Landschaft des Weins und der Olivenhaine, Freude über das gute Essen, Staunen über ein sehr fachkundiges, begeistertes Publikum, sehr viele Deutsche darunter, die jedes Jahr wieder hier anreisen und bei Salzburg nur die Augen gen Himmel drehen – zu viel Schickeria, zu viel Schnickschnack, und Bayreuth? Oh, der Tempel, jaja, aber hier, in Pesaro, da ist gute Musik und echtes Leben, und das rund um die Uhr! Und wenn man will, ist man mit ein paar Schritten am Strand und schwimmt ein bisschen im Meer.

Ein Museum in Rossinis Geburtshaus, mitten in der Fußgängerzone, dokumentiert mit Fotos, Noten, Faksimiles liebevoll das Wirken des Komponisten.

Es hat das Weltkulturerbe-Siegel, wie auch die Geburtshäuser von Puccini in Lucca und von Verdi in Roncole. In den umliegenden Geschäften – Rossiniwein, Rossinibücher, Rossinibüsten aus Keramik, Rossini auf Tassen, Schürzen und Mineralwasser, als Plakat in den Apotheken und auf Servietten.

Ein paar Schritte weiter das wunderschöne Konservatorium, es heißt natürlich nach ihm, seine Büste steht im Hof, natürlich lächelt er. Im großen Saal geben die Künstler des Festivals nachmittags Konzerte, im Nebensaal liegen Rossinis Partituren unter Glas. Auch die rührenden Briefe an seine Mamma, der er täglich schrieb, und dann war er böse, wenn sie nicht ebenso täglich antwortete.

Im Trottoir in der Fußgängerzone sind Erinnerungstexte und Fotos über die Vertreibung der Juden und den Tod von Widerstandskämpfern gegen die Faschisten eingelassen, »foglie fossili, per non dimenticare«, steinerne Blätter gegen das Vergessen. Man bleibt stehen, schaut und liest.

Und der Geist dieser Erinnerung, dieses Bewusstseins von Unrecht schwebt auch über der eleganten, beeindruckenden *Tell*-Inszenierung in der *Adriatic Arena*. Hier wird viel mehr gewagt als etwa in Salzburg. Die Besucher spüren das und sind beseelt, bis auf eine Truppe reicher, gelangweilter Russen, die während der Oper SMS von ihren Handys verschicken. Sie werden von den Italienern im Saal schließlich gehörig zusammengefaltet. Das tut man hier gefälligst ihrem Schwan Rossini nicht an. Nach der ersten Pause sind die Russen verschwunden.

OSLOS *Tiger*

Als ich das erste Mal in Oslo war, war es nur für einen Tag, ein Aufenthalt mit dem Schiff vor der Weiterfahrt über die Ostsee nach St. Petersburg. Die großen Straßen sehen inzwischen auf der ganzen Welt gleich aus, weil sie Geschäfte der gleichen Ketten haben – Benetton, Zara, H&M, Starbucks. Geht man weg davon in kleine Nebenstraßen, finden sich auch in Oslo Geschäfte mit heimischen Produkten, herrlich leuchtenden Stoffen, Gläsern, Keramik, und die Frauen sehen irgendwie alle blond und strahlend aus wie Mette Marit.

Warum steht sowohl vorm Rathaus als auch vorm Bahnhof ein riesiger Tiger? In Oslo, wo man doch eher einen Elch vermuten würde? Ich rätsele und habe keine Ahnung.

Und ich habe keine Lust auf Museen, auf Munch und Christian und Oda Krogh, auf deren Bilder ich mich so gefreut hatte, ich laufe müde und ziellos herum, und es ist so ein Tag, an dem ich mich ver-

loren fühle, und ich rufe auf gut Glück Ketil Bjørnstad an, den wunderbaren Musiker und Schriftsteller, mit dem ich vor einiger Zeit mal auf der LitCologne aufgetreten bin. Seitdem schreiben wir uns und werden Freunde – und er ist da, lädt mich sofort ein, eine halbe Stunde später sitze ich mit ihm, seiner schönen Frau, der Tochter, dem Kater vor seinem Haus mit Blick auf den Fjord, wir trinken weißen Wein und reden, und es ist so entspannt und liebevoll, einer dieser glücklichen Momente, aus denen sich ein glückliches Leben zusammensetzt.

Ehe ich zurück aufs Schiff muss, beschließen wir, dass ich mal wiederkomme, länger bleibe, und dann werde ich mir mit Ketils Hilfe ansehen, was Oslo Tolles zu bieten hat. Er hat über die Kroghs und über Grieg und Munch Romanbiografien geschrieben, er kann mir alles zeigen und erzählen, und das tut er auch, drei Jahre später.

Wir gehen in die Oper, die direkt am Hafen liegt wie ein massiger Eisberg. Ihr Dach aus weißem Carraramarmor reicht bis ins Wasser,

Mai 2011

man kann darauf herumspazieren und braucht eine Sonnenbrille gegen das strahlende Weiß.

Innen ist es ganz anders: sanftes Holz, eine großartige Architektur, von allen Plätzen sieht und hört man gleich gut, und wir sehen Puccinis *La Bohème* in Stefan Herheims Regie mit einer Mimi, die nicht an Schwindsucht stirbt, sondern kahlköpfig mit Krebs in einem Krankenhausbett an Schläuchen liegt – es stimmt, es passt, es erschüttert und ergreift.

Beim Wein danach erklärt mir Ketil, was es mit den Tigern auf sich hat: Oslo wird Tigerstadt genannt, weil einer ihrer großen Dichter, Bjørnstjerne Bjørnson, in seinem Gedicht »Sidste sang« (Letztes Lied) im Jahr 1870 verächtlich schreibt, diese Stadt sei ein alles vernichtender Tiger – gegen das friedliche Land ringsum. Heute kann Oslo damit umgehen und nennt sich stolz Tigerstadt. Auch Knut Hamsun, der andere große norwegische Schriftsteller, hat Oslo nicht gemocht. In seinem Roman *Hunger,* der 1890 erschien, schildert er einen Schriftsteller, der in Kristiania (das ist Oslo) fast zugrunde geht, der berühmte erste Satz lautet:

»Es war zu jener Zeit, als ich in Kristiania umherging und hungerte, in dieser seltsamen Stadt, die keiner verlässt, ehe er nicht von ihr gezeichnet worden ist.«

Heute ist Oslo eine moderne Stadt. Aber etwas Melancholisches, Dunkles hängt tatsächlich in der Luft, liegt auch über allen Bildern von Edvard Munch, nicht nur beim berühmten *Schrei,* liegt auch in der Musik von Edvard Grieg, zum Beispiel seiner Musik zu Henrik Ibsens Stück *Peer Gynt,* dieser Geschichte eines Mannes, der durch die ganze Welt irrt und von sich selbst sagt, er habe keinen Kern, sondern wie eine Zwiebel nur immer neue Hüllen. Erst bei der Rückkehr nach Norwegen findet er zu sich durch die Liebe von Solveig, die dreißig Jahre lang auf ihn gewartet hat. Schwere, wunderschöne Musik. Ein Mozart konnte hier oben nicht entstehen.

Ketil kennt viele gute Geschichten, und ich sitze zu Füßen des Ibsen-
denkmals vorm Nationaltheater, schreibe alles, was Ketil mir erzählt,
in mein Notizbuch und verliebe mich in dieses Oslo, das so hoch im
Norden liegt und doch auf eine dunkle Weise so leidenschaftlich und
blühend ist.

Und nur zwei Monate später löschen die Schüsse des Irren Anders
Behring Breivik auf 77 Menschen alle Unschuld aus.

Lampe gut gefälscht.
BUDAPEST

Buda im Westen, Pest im Osten, in der Mitte die Donau. Im VI. Bezirk, in der *Andrássy út*, ist die ungarische Staatsoper, *Magyar Állami Operahàz*. Sehr barock, sehr prächtig, da hatte noch der Kaiser Franz Joseph I. sein Händchen, seinen Geschmack und sein Geld drin, sieht alles aus wie in Wien.

In Nischen an der Außenwand sitzen hier aber Franz Liszt, der die ungarischen Tänze, und Ferenc Erkel, der die ungarische Nationalhymne geschrieben hat.

Ich sehe und höre nichts Ungarisches, sondern einen verhunzten Donizetti. Nebenan ist das Opernrestaurant, in dem die Kellner beim Servieren singen, sie haben alle mal Musik studiert oder tun es noch oder singen auch im Opernchor, und ich erinnere mich an das legendä-

re *Taci* in New York, das italienische Restaurant in der Nähe der Juillard School, in dem man beim Essen schweigen musste, *tacere, schweigen, taci = schweige!*, weil Sänger, die zuhause nicht üben konnten oder sich einfach mal präsentieren wollten, das hier taten – mit einer alten Russin am Klavier, üppig mit Granat geschmückt, der reichten sie ihre Noten, sie kannte alles, sie spielte alles, und man sang dazu, und wir aßen schweigend und selig unsere Nudeln zu »Ella giammai m'amò, Sie hat mich nie geliebt ...«

Szerelem heißt Liebe, *köszönöm* heißt danke ... In Budapest wurde nur beim Auftragen der Speisen kurz gesungen, aber schön war das auch. Köszönöm!

Was für eine Stadt, damals so ein Mittelding aus prächtig und heruntergekommen, und in einem Trödelladen – nicht Antiquitäten, Trödel! – eine Gallélampe, signiert mit Émile Gallés Namenszug – ich weiß, dass so was unter 20 000, 30 000 nicht mehr zu kriegen ist, und hier: umgerechnet etwa 250? Ich guckte, zögerte, der Verkäufer, die Zigarette im Mund, sagte in gebrochenem Deutsch: »Sie sehen, ist Lampe gefälscht, ich weiß, ist Lampe gefälscht, Sie sehen, ist Lampe gut gefälscht, ich weiß, Preis ist klein für Lampe gut gefälscht.«

Mehr gab es nicht zu sagen, die Lampe wurde gekauft und steht heute *gut gefälscht* auf dem Schreibtisch, an dem ich täglich meine Briefe per Hand schreibe.

Budapest. Irgendwie war alles ein bisschen deprimierend, und damals, es muss mehr als zwanzig Jahre her sein, war auch das berühmte Bad im Gellert schmuddelig und heruntergekommen, ich machte rasch, dass ich wieder rauskam. Unter Wasser griff mir jemand zwischen die Beine, ich habe ihm eine geknallt, meine *#metoo*-Methode immer schon. Heute soll das Gellert samt Bad renoviert in alter Pracht erstrahlen. Und der Geohrfeigte ist hoffentlich darin ersoffen.

Es regnete dauernd. Ich wusste nie, was ich aß – *szüzpecsenye nagy-mama dunyhaja,* eine Übersetzung bot an: *jungfräulicher Braten unter Großmutters Decke,* die andere: *Schweinefleisch Großmutter ist geschwollen.* Ich entschied mich eher für die Decke. Und was war bitte *füszeres szüz ragu sult burgonyaval?* Das war *würziger jungfräulicher Eintopf mit Bratkartoffeln.* Nur beim Wein ging immer alles glatt. Und der Mensch aus dem Goethe-Institut wusste: »Er ist zwar im Abgang ein wenig unreif, vergönnt aber gleichwohl Trinkvergnügen mit einer Kraft, die trotzdem im Finale erkennbar ist.« Donnerwetter! An einem anderen Tag, wir lesen, essen und trinken in der schönen Stadt Pécs: »Hui, das ist ein Wein mit mürbem Charme, sanft gerundet und untermauert von einer Tanninstruktur.« Und das vollreife Früchtebouquet, sagte er, zeige eine Art wolliger innerer Wärme, das hieße: Auch der Herbst hat noch schöne Tage!

Ich hatte Stifters *Nachsommer* dabei, weil Freunde immer wieder sagten, du musst endlich Stifters *Nachsommer* lesen. Was habe ich mich gequält damit, und was habe ich mich gefreut, als ich bei Hebbel über dieses Buch las: »Ich biete demjenigen, dem es gelingt, dieses Buch zu Ende zu lesen, die polnische Königskrone!«

Er riskierte damit nichts, es gab sie eh nicht mehr, der Thron war abgeschafft, aber getröstet hat es mich trotzdem. Ich las nicht weiter und ging durch die Gassen, deren Geschäfte oft die Stufen hinab im Keller lagen. Ich war die ganze Zeit traurig in Budapest, und heute weiß ich nicht einmal mehr, warum eigentlich.

Die Lampe leuchtet und schweigt und ist immer noch hinreißend schön gefälscht. Meine Erinnerung an das große, stumme Budapest, das zu mir nicht sprach.

CLARE ISLAND,
die Insel der Pirate Queen

Clare Island ist eine kleine Insel vor der Westküste des County Mayo in Irlands wildem Westen. Sie ist etwa sieben Kilometer lang, fünf Kilometer breit und hat einen 460 Meter hohen Berg. Heute leben noch 162 Menschen auf Clare Island (»and two on the way«, das heißt: Zwei junge Frauen sind gerade schwanger, das war 2010, als ich da war, jetzt gehen diese Kinder längst zur Schule). Außerdem gibt es etwa 3000 Schafe, ein paar Kühe, Pferde, Esel, und, sehr wichtig: zwei Pubs.

Ich bin nach Clare Island gefahren, weil ich über eine Piratin gelesen hatte, eine Frau, die mehr als fünfzig Jahre lang Seeräuberei betrieben hat. Das war im 16. Jahrhundert, als zwar England eine große Königin hatte, nämlich Elizabeth I., aber ansonsten hatten Frauen außerhalb der Küche wenig zu melden. Darum war ich nicht wenig erstaunt, als ich irgendwann in einem Reisebericht auf die irische Piratin Grace O'Malley stieß (so der anglisierte Name). Piratin, dachte ich, das wäre auch ein Lebensentwurf gewesen, aber wenn man im Kriegsjahr 1943 geboren wird und im Ruhrgebiet aufwächst, dann liegt Piratin irgendwie nicht auf der Lebensstrecke, schade. Also wollte ich hinfahren auf diese Insel und sehen, wie sie das gemacht hat. Andere Leben sind doch immer viel spannender als das eigene.

Von Clare Island stammt sie, diese Grace oder Gráinne Ní Mháille, in Irland auch Granuaile oder Grania genannt. Eine der Fähren von Roonah Kay nach Clare Island heißt bereits *Pirate Queen*. Bei wildem Sturm und unfassbar prasselndem Regen setzen wir mit der Fähre über, der Fotograf Tom Krausz und ich, mein guter Freund, mit dem ich für Fotoreportagen auf allen Erdteilen unterwegs war. Wir haben uns in den nun fast dreißig Jahren unserer Freundschaft kein einziges Mal gestritten, einen besseren Reisegefährten als Tom kann es nicht geben, und wir beide sind der Beweis, dass es ohne jede erotische Verwirrung tiefe, dauerhafte Freundschaft zwischen Mann und Frau sehr wohl geben kann. Er behält immer die Nerven, auch jetzt bei mörderischem Sturm auf dieser Überfahrt, die Wellen sind zehn Meter hoch, und ich trau mich nicht mehr, rauszugucken. Er aber guckt und sagt: »Könnte sein, dass wir es doch überleben.« Na prima.

Das Hotel, ein Bed & Breakfast direkt am Hafen, trägt den Namen *Granuaile House*, und von meinem Zimmer aus blicke ich auf die Ruine der Burg, in der Granuaile 1530 geboren wurde und aufwuchs.

Der Himmel ist weit und blau mit schnellen Wolken, die Wiesen sind grün, hügelig und von schönen Natursteinmauern durchzogen, und man sieht vor sich ein mutiges junges Mädchen, das von den hohen Klippen in den brausenden Atlantik schaut und sich Freiheit wünscht.

Ihr Vater war Clanchef und Seefahrer, die Söhne erwiesen sich als untauglich, aber die Tochter schnitt sich die langen Locken ab, zog

Männerkleider an und fuhr mit hinaus. Das war vorbei, als sie sechzehn und verheiratet wurde, mit Donal O'Flaherty, dem sie drei Kinder gebar. Und als Donal in einem Kampf zwischen den Clans fiel, war sie es, die ihn rächte, die 200 Männer um sich sammelte, wieder zur See fuhr und spanische Schiffe kaperte, den englischen Zoll umging und die verhassten Engländer möglichst versenkte. Ihre Geschichte ist lang und in Archiven sehr gut dokumentiert – ich beschränke mich hier nur auf die erstaunlichsten Details: Sie heiratete ein zweites Mal, bekam ein viertes Kind, verstieß ihren zweiten Mann und requirierte seine Burgen, landete im Gefängnis wegen Seeräuberei, kam durch Flucht frei, aber ihr Sohn blieb gefangen. Granuaile segelte mutig die Themse herauf zu einer Audienz bei Queen Elizabeth I. in London. Der soll sie begegnet sein wie eben eine Königin – eine zu Wasser – einer anderen, einer zu Lande. Die *Virgin Queen* weißgepudert in prächtigen Gewändern, die *Pirate Queen* braungebrannt im wollenen Umhang. Gleichaltrig, beide. Wow, da wär ich gern dabei gewesen!

ANTHOLOGIA HIBERNICA
VOL. II.

GRANA UILE *introduced to* QUEEN
Elizabeth. —

W. Beauford delin.   Clayton sculp.

Das Gespräch fand in lateinischer Sprache statt, zwei mächtige Frauen in einer Männerwelt redeten auf Augenhöhe und verstanden sich. Granuailes gefangener Sohn kam frei, sie selbst hatte freies Geleit und brachte dafür keine englischen Schiffe mehr auf. Als sicher gilt: Granuaile war gebildet, charismatisch, mutig, eine fähige Politikerin, eine erfahrene Kapitänin und niemals grausam. Die Legenden um sie sind unermesslich, eine schöner als die andere. In den Pubs abends hört man von einem seidenen, kronenbestickten Taschentüchlein, das Elizabeth I. der Seeräuberin gereicht haben soll, die schnäuzte sich nach Seemannsart und warf es dann ins Feuer. Die Königin war gewiss *not amused,* aber sehr beeindruckt.

Beim Abendessen in *O'Grady's Guest House* erzählt Donal O'Shea, zuständig für Inselentwicklung und Fremdenverkehr, dass oft unglückliche Frauen auf die Insel kommen und ihre Eheringe als ersten oder letzten Akt der Trennung vom Leuchtturm oben ins Meer werfen. Er grinst und fährt in seinem verrotteten Auto mit zwei tobenden, kläffenden Hunden davon; man hat uns gewarnt, niemals in dieses stinkende Auto zu diesen Bestien zu steigen.

Wir wollen gar kein Auto, wir wollen laufen, und wir laufen – stundenlang, über die Hügel, einsame schmale Wege entlang, keine Menschenseele begegnet uns, ab und zu liegt in den Hügeln oder an der Straße ein Haus.

Wenn man über diese wunderschöne grüne Insel wandert, begegnet man Granuaile immer wieder. In der Zisterzienserabtei aus dem 14. Jahrhundert lernte sie bei den Priestern Latein, und hier ist ihr Grabstein mit dem Wappenspruch ihrer Familie: »Terra marique potens«, mächtig zu Lande und zu Wasser, und auf dem kleinen Friedhof hoch überm Meer liest man noch die Namen O'Malley und O'Flaherty.

Was ist es, das mich Stadtkind auf solchen Reisen so glücklich macht? Ich erlebe ja im Grunde nichts – ich wandere, schaue, sitze im Pub, trinke, rede, ich bin Teil von irgendetwas, das so viel größer ist als ich. Geschichte, Leben, Tod, Jahrhunderte – alles ist eins, alles ist wichtig und zugleich völlig unbedeutend. Man spürt, was für eine grandiose Einheit Leben und Tod sind und dass der Tod nicht irgendwann kommt, sondern immer schon da ist, unserm Leben einen Sinn gibt und kein schauerliches Gerippe ist, sondern, wie in Hugo von Hofmannsthals Gedicht, »ein großer Gott der Seele«. Ich spüre auf solchen Reisen: meine Seele. Und wie schön es ist, dankbar alt zu werden.

Granuaile soll, als sie fühlte, dass es ans Sterben ging, allein in einem kleinen Boot aufs Meer gesegelt sein. Natürlich, was sonst.

Was für eine Ruhe! Am Horizont die Landlinie, im Meer weitere Inseln – Inishturk, Caher, da leben noch weniger Menschen, langsam wird es ein Problem mit den Schulkindern. Auf Clare Island gibt es nur eine Grundschule, für alles Weiterführende muss man aufs Festland. Der letzte Priester ist schon seit 2004 weg, jetzt bereist einer turnusmäßig die Inseln. Den Kinderchor leitet ein Deutscher, der vor Jahrzehnten nach der Lektüre des *Ulysses* von James Joyce hier strandete und irischer aussieht als alle Iren und uns dröhnend zuruft: »Seid ihr die Deutschen?« Alles spricht sich schnell rum, und abends im Pub beim Guinness erzählt uns George, wie sie Jörg hier nennen, von den Streitigkeiten unter den Familien – noch heute: zerstrittene Clans. Und das auf einer so kleinen, so idyllischen Insel … Nein, idyllisch ist falsch. Wir sind mitten im Atlantik, es ist rau und ruppig hier, im Winter sind die Stürme so stark, dass die Alten tagelang die Häuser nicht verlassen können, um im einzigen Laden einzukaufen. Sie werden dann mit versorgt. Aber jetzt, im Frühsommer, ist alles sanft und blumenübersät,

Ginster, gelbe Lilien, Butterblumen, von fast jedem Punkt aus riecht, hört, sieht man das Meer. Es ist eine steile Steinküste mit zwei, drei Sandbuchten, die sind dann aber auch wunderbar zum Schwimmen. Man kann radeln – über Schotterwege, Augen zu und runter, man kann den Schulbus mieten und sich von Bridget herumfahren lassen, aber am besten ist es zu Fuß.

»Gibt es Delfine?«, frage ich Donal, und er sagt wie aus der Pistole geschossen: »Ja, fünf« – als würde er jeden persönlich kennen. Er sagt auch augenzwinkernd, manchmal ginge Granuaile nachts durch die Bucht, und ihre Haare seien wieder nachgewachsen. Nach fünf Guinness, *Sláinte!* (das heißt Prost! und spricht sich etwa *Slontscher!*), kann man das leicht glauben.

Im Pub hängt ein Foto von den Rolling Stones. Angeblich waren die mal hier, privat. Tom und ich erinnern uns an das gottverlassene Nest Invercargill auf Neuseeland, wo auch angeblich die Stones mal waren. Wir halten das jetzt langsam für eine geschickte Marketingkampagne: Jeder, der Keith Richards oder Mick Jagger 50 $ zahlt, darf sich ihr Foto hinhängen und behaupten: Die waren hier!

Um die Mitte des 19. Jahrhunderts wütete in Irland eine fürchterliche Hungersnot, es gibt überall Ausstellungen zur *Great Famine* und auch auf Clare Island reduzierte sich damals die Einwohnerschaft von 1400 auf etwa 450, die armselig in Erdhöhlen hausten. Nie hat Irland sich ganz davon erholt, wer nicht starb, wanderte nach Möglichkeit aus. Aber nach meist 25 Jahren, sagen die Leute, kommen die alle zurück, ob aus Philadelphia oder Chicago, sie treibt das Heimweh nach Clare Island. Schöne Glasfenster in der Kirche, unter anderem mit meinem Lieblingsheiligen, dem guten Antonius, der Verlorenes wiederfindet und zerbrochene Herzen repariert, wurden von reichen Auswanderern den zurückgebliebenen Eltern gestiftet. Und ich stifte, wie überall, diesem sehr nützlichen Antonius eine Kerze. Bei mir gibt es immer was zu finden und zu kitten …

Im Pub trinke ich ein bisschen zu viel, gehe nachts im Mondlicht noch mal runter zum Strand und sehe Granuaile übers Wasser gehen, die Haare sind tatsächlich nachgewachsen. Gut, dass Tom nicht dabei ist, der hätte versucht, das zu fotografieren, und dann wäre NICHTS auf dem Bild gewesen, und niemand hätte mir geglaubt …

Auf der Rückreise machen wir Halt im kleinen Louisbourgh, wo es ein liebevoll bestücktes Granuaile-Museum gibt, und im prächtigen Westport House, wo noch Nachfahren leben. Es ist auf den Trümmern einer ihrer ehemaligen Burgen gebaut, die gruseligen Kerker sind noch zu besichtigen, sonst ist das Haus licht und hell und äußerst prächtig eingerichtet. Man führt uns freundlich herum und ermuntert uns, hier zu heiraten oder eine Party zu feiern – es wird vermietet. Granuaile steht als Bronzefigur im Park.

Das zeigt uns eine nette junge Frau vom irischen Fremdenverkehrsverband, und wie heißt sie? Gráinne, das bedeutet Grania und kommt von Granuaile. Sie zeigt auf die Statue und sagt: »Women who behave rarely make history!« Frauen, die brav sind, schreiben selten Geschichte …

Abends sitzen wir in einem Pub in Newport, wie heißt der wohl? *The Grainne Uaile.* Es gibt so viele Schreibweisen, aber immer ist sie gemeint, *uaile* bedeutet kahl, nach dem Abschneiden der Mähne. Wir hören zum irischen Whisky live irische Folkmusic, ehe wir in den prächtigen Zimmern von Newport House in die Himmelbetten fallen.

Als wir bei der Abreise Donal O'Shea noch mal auf Clare Island treffen, frage ich nach der Geschichte mit den Eheringen, die angeblich vom Leuchtturm ins Meer geworfen werden. Er denkt einen Moment nach und sagt dann: »Im Moment eher nicht. Der Goldpreis ist zu hoch.« Fährt ab, lacht, und die unsäglichen Hunde bellen infernalisch.

CLARE ISLAND

NEW YORK *vom Hotel aus*

Später habe ich viele Hotels und Privatwohnungen in New York ausprobiert, aber bei meinen ersten Besuchen wohnte ich immer im *Gramercy Park Hotel* an der *Lexington Avenue*. Es war damals schön heruntergekommen, aber nicht so sehr wie das *Chelsea*, es hatte sich einen Hauch von gepflegter Bohème bewahrt – Humphrey Bogart hat hier seine erste Frau geheiratet, und Bob Marley, Madonna und Bob Dylan haben hier auch schon gewohnt, als sie noch nicht berühmt waren. Das Tolle am Hotel war und ist der eigene Park, der *Gramercy Park,* für den Gäste einen Extraschlüssel bekommen, niemand sonst darf da rein – der einzige Park in New York also, in dem man nachts ohne Angst sitzen kann und was trinken und graue Eichhörnchen füttern.

An einem späten Nachmittag Anfang der Neunziger – es wurde schon fleißig renoviert, ich hatte noch eins von den billigen alten Zim-

mern ganz oben, aber langsam wurde das Hotel chic und dann uner-
schwinglich – fuhr ich mit dem Fahrstuhl runter, und ein paar Stockwerke tiefer stieg ein schöner farbiger Mann mit grauem Haar zu. Den
kenn ich, den kenn ich, dachte ich, und als wir unten ankamen, wusste
ich es: »You are Derek Walcott and you just won the Nobel Prize!«

Er war in Deutschland beim selben Verlag wie ich, und mein Verleger Michel Krüger war unser beider Freund und hatte mir ans Herz gelegt, Walcott zu lesen. Ich hatte *Omeros* gelesen, sein Hauptwerk, eine
Art Odyssee der Karibik, aus der er stammt, und ich war sogar schon
auf St. Lucia gewesen, der Insel, auf der Walcott 1930 geboren wurde.
(Und wo er 2017 auch starb.) Er freute sich unbändig, als ich ihm davon
erzählte. »Nobody knows me«, lachte er, und wirklich hatte ja auch
kaum jemand diesen Mann aus der Karibik auf dem Schirm gehabt für
den Literatur-Nobelpreis. Wir begossen das in der Bar, damals noch
klein, gemütlich, rote Ledersessel mit harten Sprungfedern, und wir
verbrachten einen lustigen frühen Abend mit viel Alkohol, Gelächter
und Geschichten. Danach war mir nicht mehr nach Ausgehen zumute.
Ich ging zurück zum Fahrstuhl, und als er kam, trat Tomi Ungerer heraus, der schon seit ich weiß nicht wie vielen Jahrzehnten mein Freund

war, wir sind oft zusammen bei Lesungen aufgetreten, ich habe ein Vorwort zu seinen Aphorismen geschrieben und liebte ihn sehr, liebe ihn noch, diesen so witzigen und zutiefst gütigen Menschen. Er ist 2019 in Irland gestorben. Das Schlimmste am Altwerden sind nicht die Falten oder das Nachlassen der Kraft. Es sind solche Verluste. Nie mehr Post von Tomi, mit seinen frechen Zeichnungen auf den Umschlägen und seiner großen, schönen Schrift … seinen so liebevollen Briefen in drei Sprachen …

Und schon ging es an jenem Abend weiter mit dem Trinken in der Bar, und ich glaube, das ist es, weshalb man überhaupt damals nach New York fuhr: Man traf immer irgendwie alle. Einmal ging ich ins Kino, und da saß Hannelore Elsner, ich ging ins Theater und traf Jürgen Flimm, in den Achtzigern und Neunzigern schienen alle dauernd in New York zu sein. (Und dann 9/11, dann Trump, New York hat sein Leuchten verloren, aber ich bin sicher: Das kommt zurück.)

Mit Tomi habe ich im *Algonquin* zu Abend gegessen, auch so eine Hotellegende, hier hat die berühmte Kritikerin und Schriftstellerin Dorothy Parker Hof gehalten und sich regelmäßig betrunken, und einmal soll sie einem uniformierten Mann vorm Hotel zugelallt haben: »Please, call me a cab, bitte, rufen Sie mir ein Taxi!« Und er soll entrüstet gesagt haben: »Wofür halten Sie mich, ich bin Admiral!«, und darauf sie: »Mein Gott, dann rufen Sie mir eben ein U-Boot.«

An der Rezeption oder in der Bar des Hotels lag und liegt immer dieselbe Katze, sie heißt Matilda. Ich habe lange gebraucht, um zu merken, dass es über all die Jahre nicht dieselbe Matilda war. Die Katzen starben oder liefen auf die 44. Straße hinaus und wurden überfahren, und dann wurden sie den Gästen zuliebe, die immer – wie ja auch ich – nach Matilda fragten, sofort durch eine ähnlich aussehende Katze ersetzt, das konnte dann auch schon mal ein Kater sein, der hieß dann eben auch Matilda.

Das hätte Dorothy Parker gut gefallen. Sie hatte einen Pudel, der bei ihr war, als sie 1971 verarmt und alkoholkrank in einem Hotel starb. Der Pudel hieß *C'est tout*, das ist alles.

Und Matilda ist heute an der Leine. Aus Hygienegründen, hieß es. Aber ich glaube, sie waren es einfach leid, dauernd eine neue zu besorgen.

Versacken in HAVANNA

Havanna, die *Villa de San Cristóbal de la Habana,* Hauptstadt von Kuba, Zweimillionenstadt. Und alles erst mal wie erwartet: schöne Menschen, donnerndes Meer am *Malecón,* stinkende Fünfziger-Jahre-Karossen, Zigarre rauchende Frauen, tanzende, musizierende Männer. Mojitos in Hemingways Bar, Angebot von natürlich gefälschten Kuba-Zigarren in verrauchten Hinterzimmern. Historische Bauwerke, alles schön heruntergekommen, viel Art déco, auf der Plaza de Armas ein großer, täglicher Büchermarkt, wo man auch herrliche Heiligenbildchen neben Che-Guevara-Postern kaufen kann, alles wuselt und lebt und duftet nach gebratenem Hühnchen und Zigarren und ist laut und lustig und lebendig. Ich suche, wie überall, die Oper: dichtgemacht, dadrin ist jetzt die Post.

An allen Straßenecken spielen Musiker, für sich und auch für uns Touristen, sie bleiben auch dann noch vergnügt, wenn man ihnen kein Geld gibt. Und sie spielen und singen *Hasta siempre!* vom Comandante Che Guevara, der eh von allen Wänden herabblickt, viel öfter als Fidel Castro, der *Máximo líder.*

Man trinkt zu viel auf Kuba. Das beginnt ja schon am späten Vormittag, die ganze Stimmung, die Atmosphäre, die Hitze, das alles verlangt nach kühlen Getränken, die Rum, Eis, Zitrone enthalten und das Denken verlangsamen, einfach nur so aufs Meer gucken oder für ein paar Stunden versacken in einer Bar, für nichts und niemanden er-

Papa Hemingway sitzt im Floridita immer noch an der Bar und plaudert mit Fidel Castro.

reichbar sein – wie gut das tut. Ich kann mir hier auch ein ganz anderes Leben vorstellen … einfach nur an der Bar sitzen … jahrelang …

Hemingways Lieblingsbar war die Bodeguita del Medio in der Altstadt, sein Lieblingsrestaurant das El Floridita, er soll gesagt haben: »My Mojito in La Bodeguita, my Daquiri in El Floridita«, und so halten wir das auch, und ich rauche einen Zigarillo dazu, mein Freund pafft eine Monte Cristo Nr. 1.

Könnte man nicht einfach hier bleiben und hier leben?

Kann man nicht. Es ist härter, als es für uns Touristen aussieht, und das wissen wir ja auch. Aber Kuba lebt von Widersprüchen. Lebensfreude und Armut, Sozialismus und alte Prachtvillen, und die Verehrung, die in diesem sozialistischen Land ausgerechnet einem Amerikaner zuteilwird, hat ja auch was Seltsames. Hemingway hat fast zwanzig

Jahre auf der Insel gelebt, hier schrieb er *Wem die Stunde schlägt* über den Spanischen Bürgerkrieg und Anfang der 50er *Der alte Mann und das Meer*, über seinen Freund, einen Fischer in Cojímar, wo Hemingways Haus noch steht, Pilgerstätte für alle Touristen. Der Fischer im Roman kehrt nach 84 Tagen ohne Fang vom Meer zurück und fängt dann endlich einen großen Schwertfisch, den er aber erschöpft nicht mehr vor den Haien verteidigen kann. Meine Freundin Inge Schönthal, später Feltrinelli, die Verlegerin und Fotografin, von der im Kapitel »Mailand« die Rede ist, ist mit Fisch und Dichter auf diesem wunderbaren Foto zu sehen, sie hat es mit Selbstauslöser gemacht. Hemingway bekam für diesen Roman 1954 den Literatur-Nobelpreis, sieben Jahre später schoss er sich, alkoholkrank, depressiv und wahrscheinlich sowieso kurz vorm Tod stehend, eine Kugel in den Kopf. Dabei hatte er seinen Fischer noch sagen lassen: »Man kann vernichtet werden, aber man darf nicht aufgeben.«

Atemlos in SHANGHAI

Der Weg vom Hotel zur Metrostation ist einfach. Ich weiß, welche Linie ich nehmen muss. Ich muss vorbei an der blaugestrichenen Tür. Dann zwei Rolltreppen runter. Mit der roten Linie 7 vier Stationen. Dann muss ich umsteigen in die grüne Linie 2, und zwar auf der Seite mit dem Schuhgeschäft. Dann acht Stationen, dann aussteigen auf der Seite, wo die Blumenverkäuferin steht – steht die da mal nicht, fahre ich garantiert die falsche Rolltreppe hoch und muss dann über die achtspurige Straße einen großen Umweg nehmen. Ob die Ampeln Rot oder Grün zeigen, ist dabei egal – niemand nimmt das wirklich ernst, man begreift es als Option. Und ich bin ganz ruhig und gelassen, auch wenn ich mich verlaufe, denn wenn man wirklich gar nichts mehr versteht, wenn man keins von all den Zeichen lesen kann,

dann wird alles irgendwie schon wieder leicht. Das Nichtverstehen ist auch ein Schutz – ich kann keine Fehler machen, alles ergibt sich. Irgendwie.

Mache ich alles richtig, lande ich in der Nähe des Opernhauses, wo wir ein paar Wochen arbeiten, die Kölner Oper und ich.

Das Ganze dauert dreißig, vierzig Minuten. Ich mache es, einfach um mich zu trauen und um mehr von den Menschen zu sehen, denn bei den Opernproben sitze ich jeden Tag acht bis zehn Stunden im Dunkeln.

Ich mache es aber auch, weil der Bus, der uns täglich vom Hotel zur Oper bringt, oft anderthalb bis zwei Stunden braucht bei diesem Irrsinnsverkehr in dieser Irrsinnsstadt mit ihren 27 Millionen Menschen – damals, 2010, jetzt sind es sicher schon wieder mehr.

Als sich herumspricht, dass ich U-Bahn fahre und sicher und lebend ankomme, schließen sich einige Kollegen an, und irgendwann sind wir ein aufrechtes Trüppchen, das tapfer jeden Morgen in Shanghais Metrogewirr herumirrt.

Einen Nachteil hat das Ganze bei aller Zeitersparnis: Vom Bus aus sah man verrückte Sachen. Ganze Straßenzüge – über Nacht abgerissen. Hochhausetagen – über Nacht eine dazugekommen. Die Wanderarbeiter schliefen auf den Baustellen, wir konnten reingucken in die Gebäudegerippe, auf ihre Lumpenlager.

Was für eine Stadt. Was für ein Tempo, was für ein Gewusel, wie nah nebeneinander das Entsetzliche und das Atemberaubende. »China ist protzig. China ist rot und gelb und groß. Alles, was ich nicht mag.« Das schrieb die Amerikanerin Emily Hahn 1935 über das Land, in das sie als Bergbauingenieurin reiste. Und dann kam sie nach Shanghai und war fasziniert und blieb. Ich mag solche Geschichten, ich mag subjektive blöde Vorurteile, die sich dann bei näherem Hinsehen einfach auflösen. Ich reise auch so. Denn es gibt keinen Punkt auf der Erde mehr, von dem wir nicht irgendwas wissen, über den wir nicht in der Zeitung gelesen, im Fernsehen erfahren haben, wir kennen das

doch alles, irgendwie. Ich mache mir ein Bild, ich habe eine Erwartung, aber am Ende kommt es ganz anders und genau richtig. Auch in Shanghai. Und doch: Die Shanghai-Magie, die Hahn in ihren Reportagen für den *New Yorker* beschreibt, die gibt es nicht mehr. Oder sagen wir: Sie blitzt nur für Momente auf. Shanghai ist eine Finanzmetropole. Eine Messestadt, Expo, Biennale, Film- und TV-Festivals, Kunstmessen – eine Stadt, die immer glitzert, vorzeigt, reproduziert, aber die nichts Eigenes hervorbringt. Alles ist Fassade ohne eine Idee dahinter, so umgebaut, dass es für Ausländer noch einen Hauch chinesisch aussieht und für Chinesen schon international. Aber wo ist ein Flair, eine besondere Marke, etwas Wiedererkennbares? Shanghai schwebt prächtig im GARNICHTS. Wo so viel Zensur ist wie hier, kann sich Kultur nicht entfalten. Wo so viel Geld ist wie hier, hat Schönheit keine Chance.

Kommt man vom Flughafen mit dem Zug in die Stadt, muss man sich anschnallen und spürt die Gurte beim Bremsen, der Shanghai Transrapid beschleunigt auf 430 km/h und braucht sieben Minuten für die 30 Kilometer, die meiste Zeit fährt er mit etwa 300 km/h, und nie, nie, nie klappt hier irgendetwas nicht. Er befördert fast 500 Passagiere pro Fahrt, und das 24 Stunden täglich in ewigem Hin und Her, und man zahlt 50 Yuan, das sind etwa sechs Euro.

Was Shanghai wirklich ausmacht, ist Atemlosigkeit. Da ist alles schnell. Kaum bestellt man ein Essen, steht es auf dem Tisch, es gibt kein Warten auf irgendetwas, U-Bahn, Taxi, Drink, zack, da. Alles geht zack, zack, man hat das Kleid im Kaufhaus gerade anprobiert, da kriegt man es mit Verbeugung in Seidenpapier und schöner Tüte mit Samtschleife schon überreicht, der Nächste bitte. Hier hält man sich mit nichts auf, gegessen und getrunken wird gern auch im Gehen, in den wenigen Parks oder am Ufer des Flusses *Huangpo*, der die Stadt in zwei Teile teilt.

Immer weht Wind, das Meer ist nah, *shang* heißt hoch, *hai* heißt Meer, die über dem Meer Gelegene. Die Menschen sind elegant, ich sehe sie außer bei den Wanderarbeitern aber kaum, ganz ohne Armut, ganz anders als in Peking, da begegnet sie einem auf Schritt und Tritt.

»Reich werden ist ehrenhaft«, hat Deng Xiaoping vor vierzig Jahren gesagt. Shanghai ist reich. Und die Umweltschäden haben hier geradezu apokalyptische Ausmaße, es ist eine der umweltschädlichsten Städte der Welt, es blüht nichts, man kann nicht atmen, der Fluss ist eine Kloake. Wenn er Shanghai endlich erreicht, ist er schon an endlosen Industriestandorten vorbeigeflossen, und man hat alles in ihn reingekippt, was giftig ist. Nichts ist hier gesund, aber alles auf Hochglanz poliert. Die Schulkinder scheinen zu funktionieren wie Pentium-Prozessoren, schnell, effizient, sie flüchten in virtuelle Welten, und die Selbstmordrate unter jungen Leuten soll hoch sein. Ich sehe das nicht, man ahnt es, man fühlt es, man bleibt selbst nur mit Mühe aufrecht, tapfer dem Tempo einigermaßen gewachsen. In Shanghai wird rund um die Uhr gebaut, gearbeitet, gegessen, auch die chinesischen Helfer im Opernhaus arbeiten immer und schlafen dann ein paar Stunden irgendwo im Flur, auf den Treppen, unser Dirigent Markus Stenz kann das irgendwann nicht mehr mitansehen und räumt für sie sein großes Dirigentenzimmer mit Couch.

Dieses Tempo erlaubt kein Wachsen aus Alt nach Neu. Das Alte muss weg, das Neue steigt rasant die in Höhe. Nur am *Bund*, der kolonialen Prachtstraße, sieht man noch alte Pracht, die Geschichte der Kolonialzeit als Kulisse, als Ornament, nicht als Tradition und Wurzel. Das spielt in Shanghai keine Rolle: nie zurück, kaum im Moment, immer nur vorwärts. Shanghai blüht und zahlt dafür einen hohen ökologischen und menschlichen Preis. Wie unendlich muss diese quirlige Stadt unter dem weltweit längsten und schärfsten Lockdown während der Coronazeit gelitten haben! Man mag es sich kaum vorstellen.

Die Globalisierung lässt die Welt schrumpfen. Shanghai lässt den Westen schrumpfen – Götterdämmerung? Gehen wir unter?

Die Kölner Oper bringt Richard Wagners *Der Ring des Nibelungen* nach Shanghai, zum ersten Mal, sechzehn Stunden Musik an vier Abenden, in der Inszenierung von Robert Carsen. Hier vertritt ihn seine Assistentin, Eike Ecker. Ich bin als Berichterstatterin für eine Zeitung dabei.

Wagners *Ring* erzählt eine Geschichte von Gold, Gier, Macht, Verrat, Zerstörung und Untergang der Welt. China fängt gerade an, mit Gier, Geld, Macht, Unterdrückung und Zerstörung der Lebensgrundlagen näher an die Herrschaft über die Welt zu rücken. Macht gegen Liebe. Da haben wir genau die Aussage dieser Oper, die von einem Ring aus geraubtem Gold erzählt: »Wer ihn besitzt, den sehre die Sorge, und wer ihn nicht hat, den nage der Neid.« Die perfekte Formel für den Kapitalismus. In diesem Zyklus ist viel politische Sprengkraft. Ihn in Shanghai auf die Bühne zu bringen ist ein unglaublicher Kraftakt, aber der damalige Intendant Uwe Laufenberg hat die Kraft, die Leidenschaft, die Ausdauer für so ein Projekt, an dem 315 Menschen beteiligt sind, die Visa, Hotels, Unterkünfte brauchen. Laufenberg passt in das irrsinnige Tempo von Shanghai, wir sagen über ihn: »Der atmet immer nur ein.« Er gönnt sich nicht eine ruhige Minute, er regelt alles, und jeden Tag geht irgendwas schief – Sänger werden krank, Kostüme zerreißen, Requisiten hängen am Zoll fest, es müssen bei über vierzig Grad Klimaanlagen für die Sänger besorgt werden, und es wirken chinesische Statisten mit, die noch nie vom *Ring des Nibelungen* gehört haben und denen man ungefähr erklären muss, worum es hier eigentlich geht. Zwei Schäferhunde sollen über die Bühne streifen, müssen aber erst an die gewaltige Musik gewöhnt werden. Vieles dürfen wir nicht machen: Feuer auf der Bühne muss zum Beispiel durch flatternde rote Seidenbänder dargestellt werden. Ich sitze hinten auf der Bühne und schaue zu, wie Siegmund ein ums andere Mal fluchend versucht, Wotans Speer aus der Weltenesche zu ziehen, der Spalt muss vergrößert werden. Die Schäferhunde hecheln, sind irritiert, starren auf die Geigen im Orchestergraben. Was soll das? Keiner darf diese

Hunde anfassen, nur der Hundeführer. Endlich kommen die fehlenden 72 Kisten vom Zoll, und siehe da: Nun sind es 73. Wer klärt, was wo drin ist? Wir packen fieberhaft aus, da sind die Kostüme, die Requisiten, alles da, wir juchzen, die Hunde knurren, das Feldlager steht, es fehlt Feuer – drei Grablichter ins Fass und ein paar Löcher rein, geht schon. Und dann die Sprache! Selbst wenn hier und da jemand in China Deutsch versteht, kein Chinese versteht Wagners Sprache:

»Linde Kühlung erkies ich mir unter der Linde!«, »Mit lichtem Wissen lehrt' ich dich Witz«, »Mit zerfocht'ner Waffe wich mir der Feige« – damit haben ja schon Deutsche ihre liebe Müh.

Die großartige, durch absolut nichts zu erschütternde Regieassistentin Eike Ecker zeichnet für die chinesischen Statisten jeden Tag auf, worum es im *Ring* geht:

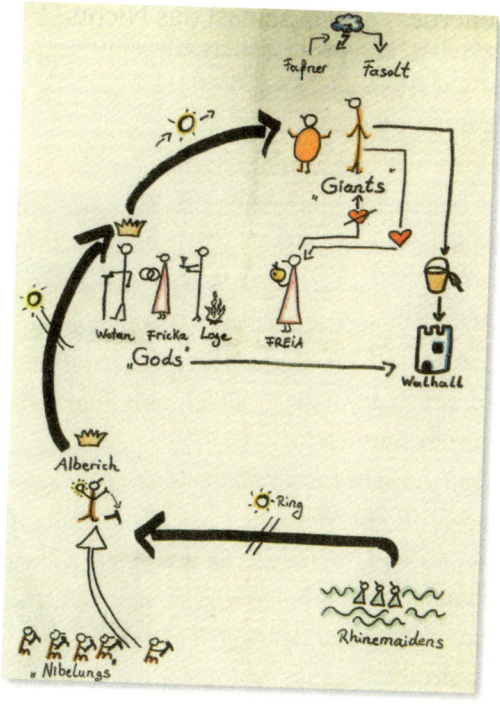

Aus Platzmangel probt sie mit Mime und Alberich im benachbarten Parkhaus, Sieglinde trägt einen rosa Morgenrock, flucht und isst Müsli zur Beruhigung, Fricka wappnet sich, Brünnhilde heult mal kurz, Fasolt und Fafner spielen Karten auf Siegfrieds Totenbahre, auf der Bühne verrottet Wotans größenwahnsinniges Walhall schon während des Baus, Urmutter Erda ist erkältet und trinkt Tee, und Mime und Alberich, auf der Bühne erbitterte Feinde, gehen noch mal schnell in die Kantine, einen kippen.

Und dann ist alles bereit. 17 Uhr. Ruhe.

Und alles verblasst, wenn die Musik loslegt, mit den Sängern auf der Bühne, mit achtzig Musikern im Orchester und sechzig im Chor, und dann wird die Geschichte so erzählt, dass sie jeder auf der Welt begreift – Schmerz, Verrat, verlorene Liebe, Politik ohne Moral, Tod. Man muss nicht auf die seitlichen Spruchbänder schauen, man muss einfach nur zuhören. Man hatte uns gewarnt: Die Chinesen zeigen keine großen Gefühle, seid nicht enttäuscht, wenn sie am Ende nur einmal kurz klatschen, gehen, das war's.

Von wegen.

Beifallsstürme wie hier habe ich noch nie erlebt. Sie stöhnen schon während des Spiels, am Ende explodieren sie, sie schreien, sie klatschen im Stehen zwanzig Minuten lang, sie fallen in Ohnmacht – schon beim *Rheingold,* ab der *Walküre* stehen draußen Krankenwagen mit Sanitätern und Sauerstoff. Bei der *Götterdämmerung* bittet uns ein alter Mann, die vordere Tür einen Spalt offen zu lassen: Er möchte auf einem Stuhl draußen davorsitzen, alles hören, aber nicht mehr im Saal sein, es erschüttere ihn zu sehr.

Wir weinen, wir haben das nicht erwartet, wir sehen wieder, was große, starke Musik mit Menschen macht, überall auf der Welt. Sie sind Chinesen. Sie sind Menschen. Sie sind Menschen in einem Land, das nicht aufholen, das überholen will. Ihre persönlichen Rechte zählen wenig, ihre Arbeitsbedingungen nichts, aber ihre Gefühle sind noch nicht kontrollierbar: Sie explodieren, und wieder begreife ich, welche Macht, welche Kraft die Kunst hat – die Literatur, die Musik. Mao hat es geschafft, dass keine »Fremdmächte« mehr China bestimmen. Deng Xiaoping hat den Hunger besiegt, Xi Jinping hat Reichtum gebracht, jetzt müssten die Chinesen noch das Recht auf ein eigenes Leben im Kollektiv bekommen. Aber danach sieht es nicht aus.

Shaw nannte den *Ring* eine »*Opernkathedrale fürs Volk*«. Es war erschütternd schön zu sehen, wie 1600 Shanghaier Abend für Abend diese Kathedrale betraten und sie nach Stunden zutiefst ergriffen verließen.

»Trauernder Liebe tiefstes Leiden schloss die Augen mir auf: enden sah ich die Welt.«

Und dann, ganz am Schluss, ein Chinese mit Mopp auf der Bühne, er putzt, weil die Götter schon auch sehr schmutzen.

BEIRUT *schläft nicht*

Eines Nachts im Herbst 2003 sitze ich im Flugzeug nach Beirut neben einem libanesischen Arzt. *»Ich liebe mein Land«*, sagt er strahlend. Und ich überlege, ob ich das je einen Deutschen habe sagen hören. Oder ob ich es selbst von meinem Land so einfach sagen könnte. Er versucht, mir den verworrenen Nahost-Konflikt und den Libanon-Krieg zu erklären. Von 1975 bis 1990 dauerte dieser Bürgerkrieg, in dem Hunderttausende starben, verschwanden, das Land verließen.

Inzwischen ist der einst so strahlend schöne Libanon mit seiner Hauptstadt Beirut, die man das *Paris des Nahen Ostens* genannt hatte, runtergewirtschaftet, von Korruption zerstört, mit zu vielen Flücht-

lingen überlaufen, die Explosion 2020 im Hafen hat zusätzlich Verzweiflung und Zerstörung gebracht. Eine Freundin, die dort lebt, erzählt mir, dass es kein Internet mehr gibt, die Kabel werden nachts ausgegraben, gestohlen, verkauft. Das Land geht unter.

Ich weiß, wie ein Land nach einem Krieg aussieht, ich habe es als Kind in Essen selbst erlebt, 1949, als ich eingeschult wurde und als die Schule und die Wohnhäuser zerschossen und die Straßen voller Ruinen waren. Ich machte mich also auf einiges gefasst, damals, aber auf der ersten Fahrt durch die warme Nacht zum Hotel im christlichen Stadtteil Mar Mikhael sah ich keine Trümmer. Das sollte sich in den nächsten Tagen noch gewaltig ändern, aber der erste Eindruck war: Lärm, Wärme, Leben, der Duft von Minze und Thymian.

Das Taxi war dieselbe Touristenfalle wie anscheinend weltweit, aber irgendwann kommt man ja immer irgendwie an. Vor dem Hotel, mitten in der Nacht: donnernd ein Presslufthammer. Morgens, mittags, abends, nachts: Presslufthammer. Man baut auf, in Vierundzwanzigstundenschichten, sieben Tage die Woche. Diese Stadt schläft nicht, im Gegenteil, es ist Ramadan, und abends geht es erst richtig los. In der nächsten Woche lerne ich, überall in Schlaf zu fallen, wo es gerade möglich ist: Bei der abendlichen Wasserpfeife döse ich weg, auf den beiden Buchmessen, der arabischen und der französischen, zwischen meinen Lesungen, ich schlafe im Taxi auf der Fahrt zur berühmten Buchhandlung *Antoine* in Hamra, ich hole mir den Schlaf, wo ich ihn gerade kriegen kann.

»Sie sind das erste Mal im Orient?«, fragt mich auf der französischen Buchmesse spöttisch die schöne kluge Claire Bretécher, die französische Karikaturistin. Ich nicke erschöpft, und sie grinst: Na dann, durchhalten! Ich halte durch, aber es ist hart. Die Eindrücke sind zu stark, der Krach ist zu laut, das Tempo mörderisch. Wenn man nicht in sich selbst ruht, ruht man hier nirgends. Es gibt nur eine einzige Regel: dass es keine Regel gibt. Verkehrspolizist auf der Kreuzung? Macht wohl Gymnastik, einfach weiterfahren. Einbahnstraße? Pah. Es wird

ununterbrochen gehupt: Achtung, ich komme euch hier entgegen.
Das muss genügen.

Es gibt keine Fahrschulen, die Eltern schenken den Kindern den
Führerschein irgendwann zum Geburtstag, und man fährt los, irgendwie. Rote Ampel? Wer hält, wird wütend angehupt, und hinten fährt
sofort jemand auf. Kein Auto ohne Dellen, rechts wird überholt, auf
der Schnellstraße einfach gewendet, wenn man etwas vergessen hat,
und aus den offenen Autofenstern fliegen die Mülltüten, denn eine ge-
regelte Müllabfuhr funktioniert außer in der touristischen Innenstadt
nicht, genauso wenig, wie es etwa eine zuverlässige Postzustellung
gibt.

Es ist babylonisches Chaos, und ich kann nicht fassen, dass doch
alles irgendwie klappt. Eigentlich gibt es keine Kanalisation – aber immer wieder fließt tatsächlich warmes Wasser im Hotel, dafür platzt eines Tages die schöne weiße Marmortreppe draußen auf, und es quillt
buchstäblich die Scheiße heraus, Rohrbruch! Na und! Das Leben geht
weiter, und die Scheiße versickert irgendwo. Es gibt keine zuverlässig

funktionierende Elektrizität, na und, man spannt selbst ein paar Drähte kreuz und quer, hat ein Aggregat im Hof, und wenn es finster wird, springt das – natürlich mit Krach – an.

Ich erwandere und erfahre mir die Stadt. Sie zerfällt in drei Teile: den inneren Kern und die Stadtteile Ost- und West-Beirut. Der Kern ist total zerstört, aber man baut wieder auf, nein: man rekonstruiert. Die alten Bauten werden originalgetreu hochgezogen auf dieser größten Baustelle des Nahen Ostens, und es fehlt ihnen jedes Flair, jedes Leben. Reich und klotzig wachsen die ockergelben Gebäude mit schönen Fassaden im Stil des 19. Jahrhunderts in die Höhe, unten teure Läden mit Mode-Schnickschnack, den niemand braucht, oben gähnend leere Fenster zu Wohnungen, die niemand bezahlen kann. Man macht die Fehler, die auch bei uns nach dem Krieg gemacht wurden: Innenstädte, in denen niemand wohnt, Fußgängerzonen, Protzgeschäfte. Manchmal zerstören Architekten fast mehr als Kriege. Das wird lange dauern, bis hier tagsüber wieder wirklich Leben einzieht.

Abends ist es lebendiger – die teuren Restaurants, Bars, Cafés sind gut besucht. In den Discos und in gleich zwei *Hard Rock Cafes* soll der Bär los sein, aber nach »Bär los« war mir nicht zumute auf dieser anstrengenden Reise.

Außer der künstlichen Innenstadt gibt es das christliche Ost- und das muslimische West-Beirut. Im christlichen Osten herrscht auch Durcheinander und Chaos, aber die Häuser sind bewohnbar. Das Schlimmste ist aufgeräumt. Die Dächer sind geflickt, auch wenn die Wände noch Einschusslöcher haben. Im moslemischen Westen leben die meisten Menschen wirklich noch in Ruinen. Halbe Häuser, das Dach kaputt, die Balkone ohne Geländer, kein Strom, kein fließendes Wasser – aber oben hängt Wäsche zum Trocknen.

Die Straßen voller Abfall, Katzen, Ratten, Kakerlaken, und trotzdem ein unbändiges, bewegtes Leben. Und alle Menschen sind freundlich, miteinander, mit uns. Gespenstisch freundlich mit uns: Ihr seid Deutsche? O wie schön, aus *Almania,* kommt herein, mein Haus ist

euer Haus, Hitler war ein guter Mann! Er hat sechs Millionen Juden umgebracht, ach, warum nicht alle!

Was soll man, zutiefst erschrocken, dazu sagen? Kinder kommen, fragen: Hast du Hitler gekannt? Ein guter Mann! So viele Religionen gibt es im Libanon, aber diese eine, die jüdische: Nein, die tolerieren sie nicht, wegen der israelischen Politik. Auf der arabischen Buchmesse lassen uns scharfe Polizeikontrollen spüren, wie nah wir an der Grenze zum feindlichen Israel sind. Manchmal donnert ein Kampfflugzeug durch den Luftraum. Überall im Stadtbild: schwerbewaffnete Polizei. Die Stimmung ist nicht entspannt. Schon bei der Einreise fängt das an: Man darf keinen Israel-Stempel im Pass haben, sonst kann man gleich wieder umkehren.

Es gibt diesen Witz: Gott erschuf den Libanon mit seinen schneebedeckten Bergen und Zedern, der schönsten Küste des Mittelmeers, der fruchtbarsten Ebene der ganzen Levante, so herrlich, dass sich andere Länder neidisch beschwerten. Da dachte Gott nach und gab dem Libanon zwei anstrengende Nachbarn: Syrien und Israel. Syrische Präsenz ist überall spürbar, politisch, geheimdienstlich, militärisch.

Der Libanon – eigentlich ist das nur ein Gebirge, einst gekrönt von den schon aus der Bibel berühmten Zedern, mit deren Holz König Salomon den Tempel hat bauen lassen. Die Zedern hat man bis auf ein paar Hundert abgeholzt, verfeuert, verbaut, als Eisenbahnschwellen verbraten. Ja, es wird neu aufgeforstet, aber bis eine Zeder ersten Samen trägt, vergehen vierzig Jahre. Das kann dauern, und das verlorene Paradies kommt sowieso nie zurück. Das lange, schmale Land ist klein: halb so groß wie Hessen, rund 10 500 Quadratkilometer.

Bagdad, Beirut und Kairo sind im Nahen Osten die Städte der Kultur, der Literatur – man sagt: Im Irak wird geschrieben, im Libanon gedruckt, in Ägypten gelesen. Kein arabisches Volk hat ein höheres Bildungsniveau, fünf Universitäten hat Beirut, die Literatur blüht, Buchmessen, Verlage, Lesungen.

Schulkinder diskutieren mit mir über meine (ins Französische über-setzten) Bücher. Ich lese arabischen Kindern *Nero Corleone,* meine Katzengeschichte, vor, und sie staunen: »Aber warum lieben Sie denn Katzen?« Räudige Katzen ernähren sich hier aus Mülltonnen, man wirft Steine nach ihnen, Katze darf man nicht sein im Libanon. Und ich frage mich wirklich, warum man mich mit diesem Buch hierher einge-laden hat.

Unter den zeitgenössischen Autoren ist Amin Maalouf vielleicht der interessanteste. »Letztlich ist die Zukunft doch aus unseren rück-wärtsgewandten Sehnsüchten gemacht«, schreibt er in seinem Roman *Die Häfen der Levante,* und wenn man sich die Innenstadt des heutigen Beirut anschaut, wird dieser Satz erschütternd wahr.

Vor den Metzgerläden hängen gehäutete Hammel. Man braucht starke Nerven. Zwischen zwei Schnellstraßen auf einem kleinen grü-nen Fleck sitzen Männer und spielen seelenruhig Backgammon. Die Frauen sind sehr stark geschminkt, der Libanon hat angeblich den höchsten Pro-Kopf-Verbrauch an Kosmetik weltweit. Im arabischen Fernsehen kann man das staunend noch besser besichtigen.

Ich hetze atemlos durch Beirut, von einem Termin zum andern, das Goethe-Institut hat mich eingeladen und reicht mich herum. Ich lese, diskutiere, rede, ich bin immer pünktlich, und darüber kann man hier gar nicht genug staunen. Man ist doch im Orient! Was soll die Hetzerei! Man hat mich sogar falsch bestellt, ich bin drei Tage zu früh angereist, nur um dann zu hören: Ach nein, wir haben uns vertan, die arabische Buchmesse ist doch erst in drei Tagen, macht nichts, haben Sie eben frei! Frei in Beirut … ich denke an mein stilles Haus mit grünem Garten in Köln, während ich bei fast dreißig Grad im November durch die lauten, staubigen Gassen Beiruts trabe. Aber irgendwann gebe ich auf, werde wurschtiger. Die Dinge verschieben sich: Was in Deutschland wichtig ist, spielt keine Rolle mehr. Ich bin froh, irgendwo zu sitzen und *mezze* zu essen, zahllose leckere Vorspeisen in kleinen Schalen: Radieschen, Lauch, Möhren, Gurken, Linsen, Kichererbsenpüree, *hommos*, Sesamcreme, *tahina*, Auberginenpüree, *muttabal*, und, das Leckerste: *tabouleh*, ein Salat aus Petersilie, Zwiebeln, Tomaten und geschrotetem Weizen, und dazu Hühnchenflügel in Knoblauch-Zitronen-Sauce, kleine scharfe Würste, gefüllte Weinblätter. Das alles herr-

lich gewürzt mit Thymian, Minze, Zimt, Koriander, dazu Brot, *chubbes,* und man trinkt tüchtig Arak. Und: Das sind alles nur die Vorspeisen, danach geht es erst richtig los, gar nicht zu reden von den süßen Nachspeisen. Man isst stundenlang, und dazu spielt oft eine arabische Kapelle, oder wir hören vom Band Fayrouz, die große Dame des arabischen Chansons, sie besingt »*Lubnan ya akhdar halwa*«, den grünen, süßen Libanon, und *habibi,* den Liebling. Wir rauchen Wasserpfeife mit Apfelaroma und lauschen dem *muezzin,* ich schließe die Augen und kann mir in all der Erschöpfung plötzlich auch wieder mal ein ganz anderes Leben vorstellen.

Auf jeder Reise will ich eigentlich immer ein bisschen bleiben … Und auf jeder Reise wird mir klar, dass es gleichgültig ist, wo ich wirklich bin. Ich bin. Punkt. Cees Nooteboom, der große, stille, leidenschaftlich Reisende schreibt:

»Man wird zu dem, was man wirklich ist, zu einem totalen Außenseiter, jemand, der nirgendwo hingehört. Für mich zumindest läuft das auf ein Gefühl von fast metaphysischer Gelassenheit hinaus. Das Reisen wird dann das, was es wirklich ist, ein Symbol für diese größere Reise, von der wir, wenn wir ganz ehrlich sind, auch nicht sehr viel verstehen: die Reise durch dieses irdische Tal der Tränen.«

Wieder zuhause in Deutschland, werfe ich die Reisetasche in die Ecke, lege mich in Kleidern nur für einen Augenblick aufs Bett, um auszuruhen, und schlafe vierzehn Stunden am Stück. *Alhamdella assalemeh!* Willkommen.

DIE SCHWEIZ.
Wir brauchen das

Mir muss die Schweiz nichts beweisen. Ich finde, die Schweiz ist ein nettes Land mit schönen grünen Wiesen und prächtigen Bergen, es gibt gute Weine, leckere Röschti, und als ich in den fünfziger Jahren von der Drecksluft des Ruhrgebiets zerfressene Lungen hatte, hat man mich in die Schweiz zum Gesundwerden geschickt. Es hat fast geklappt. Ich kann große Teile des *Wilhelm Tell* einschließlich Rütli-Schwur auswendig hersagen, und ich habe für viel Geld in einem Antiquariat eine sehr frühe, schön gestaltete Ausgabe von Johanna Spyris *Heidi* gekauft. Und da steht ja auch der Satz, der die sonnige Schweiz vom grauen Deutschland unterscheidet:

»›O, o!‹ rief das Heidi aus, ›hier hat man gar nie ein trauriges Herz, nur in Frankfurt!‹«

Weil ich gerade in Köln auch ein ziemlich trauriges Herz hatte, kam mir eine Einladung, auf die Schweizer Expo 2002 zu fahren, genau recht. Es ist immer schön, ein bisschen auf Seen und Berge zu gucken, doch die Expo, das wusste ich schon im Voraus, wäre sowieso nur dummes Zeug, eine Art Disneyland für Abiturienten, didaktisch, gediegen, groß, laut, bunt, teuer, überflüssig wie ein Kropf. Aber warum sollte ich nicht ein paar Tage hinfahren.

Der gute Journalist informiert sich vorher:

Aha, dauert 6 Monate, in 4 Städten, an 3 Seen. 475 000 Quadratmeter, 40 Pavillons, 1,5 Milliarden Kosten. Viel Krach im Vorfeld, zu wenig Fahnen!, murrten einige Bundesräte, daraufhin soll ein Parkplatz beflaggt worden sein, daraufhin neues Geschrei: »Was sollen diese Fahnen?« – »Das rostet ja schon!«, hieß es zum Stahlkoloss von Jean Nouvel im See vor Murten, und auf Fotos sah das Ding aus wie der dritte Weltkrieg. 3000 künstliche Schilfhalme in Neuchâtel, gibt es eine blödere Idee als künstliche Schilfhalme, wo wir doch echte pflanzen könnten?

Mein Hotel war derart luxuriös und durchgestylt, dass ich in drei Tagen nicht begriffen habe, wie man das Licht einschaltet. Wollte ich Licht machen, senkte sich ein Fliegengitter vors Fenster zum See, wenn ich die Klimaanlage abstellte, ging der Fernseher an, und als ich die Jalousie herunterfahren wollte, öffnete sich die Wand zwischen Bett und Bad – fabelhaft, die Expo begann direkt in meinem Zimmer, *the future, the fun, now!* Meine Überzeugung, dass es sich bei dem Ganzen um einen gigantischen überflüssigen Schnickschnack handeln würde, stand fester denn je, und ich überlegte, ob ich wirklich noch an Orte mit dem Sprachungetüm-Namen »Arteplage« gehen oder einfach nur hier im mysteriösen Zimmer mit Seeblick bleiben und überzeugt sein sollte: Das brauchen wir alles nicht.

Ich bin dann doch hingegangen. Ich war in Neuchâtel und Yverdon-les-Bains, in Murten und in Biel. Und siehe: Es war wunderbar. Es war witzig und poetisch, es war verspielt und gescheit, es war ernsthaft,

ohne didaktisch zu sein. Es war schwebend leicht und intelligent. Es war höchst erstaunlich, und in meinem zerrupften Kölner Herzen gingen Türen auf, die ich für fest verschlossen gehalten hatte: Ich habe gespielt wie ein Kind, mich ertappt gefühlt, mich amüsiert, und abends habe ich selig mit entrücktem Lächeln dreitausend durch Solarzellen aufgeheizte, mild grün leuchtende künstliche Schilfhalme angeguckt und gedacht: Ich weiß zwar nicht warum, aber es ist schön!

Ich habe sogar den vielen überall herumwuselnden Kindern verziehen, dass ich nie, nie einen Platz an einem der Computer ergattern konnte, um meinen innigsten Wunsch aufzuschreiben – der wäre dann durch den Glasboden als Schrift unten auf dem Seewasser aufgeleuchtet, die Wellen hätten ihn mit sich fortgetragen. Alle Computer waren immer umlagert. Ich habe stattdessen gelesen, was die Kinder sich wünschen – und es trieb mir die Tränen in die Augen, mögen all ihre wundervollen Wünsche in Erfüllung gehen, die Welt sähe besser aus!

Aber in dem Pavillon, in dem man auf weiße Porzellanteller schreiben durfte, wer oder was einen ärgert und wen man gern los wäre, und dann diesen Teller an die Wand schmeißen durfte – da habe ich mitgeschmissen und mitgejohlt. Die Botschaft war: Man muss auch loslassen können. Ich habe losgelassen. Der Teller mit dem Namen des vermaledeiten Kerls, der mir das Herz gebrochen hatte, flog an die Wand. Mehrmals. Es schepperte so schön.

Ich habe sogar in Yverdon-les-Bains im *Oui-Pavillon* für 24 Stunden einen netten jungen Mann geheiratet, einen Freund aus Zürich, der mich für einen Tag begleitet hat, und es war tatsächlich ein bisschen ernst und ein bisschen ergreifend:

Man musste getrennt durch verschiedene Räume gehen, verschiedene Aufgaben erfüllen, gegen Ängste kämpfen, sich Tests unterziehen, und wenn zwei alles unabhängig voneinander bewältigt hatten, durften sie heiraten: für einen Tag, für alle Expo-Besucher sichtbar mit Leuchtansteckern. Bei uns hatte es geklappt, und unsere Hochzeitsreise haben wir in die berühmte Wolke mitten auf dem See gemacht – 100 Meter breit, 20 Meter hoch, 32 000 Düsen, die Wasser versprühen, es ist eine *Wolke*! Es ist reine Poesie, man schwebt, man verliert die

Orientierung, man muss sich an den Händen halten, aber so gehört sich das ja auch, wenn man frisch verheiratet ist.

Und danach kann man in einem dunklen, stillen Raum auf großen, weichen Matratzen liegen, und dann flüstern einem Stimmen in vielen Sprachen über Kopfhörer das ins Ohr, was man sich selbst nie zu fragen traut: »Was wünschst du dir wirklich? Bist du glücklich? Wovor hast du Angst? Willst du jemanden besitzen? Willst du besessen werden? Möchtest du Gott treffen? Was würdest du ihn fragen?«

Und schon haben sie mich. Ich bin vor lauter Emotionen fix und fertig, und danach erreichen meine aufgeweichte Seele auch sachliche Feststellungen im Palais de l'Equilibre ganz direkt, das heißt, der Kopf kann nichts mehr abschmettern, alles, was da in dieser zauberhaften Holzkugel in einfachen Sätzen an den Wänden steht, trifft wie ein Schuss ins Herz:

Wir sind 6,2 Milliarden Menschen. Jeder zweite lebt in der Stadt. Jeder vierte hat weniger als einen Euro am Tag zum Leben. Einer von vieren trinkt schmutziges Wasser. Jeder sechste ist Analphabet, 80 % davon sind Frauen. Jeder einhundertsechsundsiebzigste Mensch auf der Welt ist HIV-infiziert. Und da steht auch: »Werden wir je die Ameisen verstehen?« Ich schätze: nein.

Möchtest du Gott treffen? Was würdest du ihn fragen? Würde er eine Antwort wissen? Und was hat das alles mit der Schweiz zu tun? Dasselbe, was es mit uns allen, mit unserem Leben, unserer Welt zu tun hat.

Jetzt traue ich mich auch nach Murten. Da steht er im See, der rostige Koloss, hoch wie ein zwölfstöckiges Haus, 4800 Tonnen schwer.

Er macht mir Angst, und als das Boot bei ihm anlegt, trau ich mich nicht, an ihm hochzusehen, und gehe ganz schnell hinein. Innen sofort das Gefühl: Hier ist nichts fest verankert, das Riesending schwimmt, schwebt im Wasser, und, mein Gott, wenn der das kann, ohne unterzugehen, dann kann ich das auch! Es ist ein magischer, ein unvergesslicher Moment, es ist wie ein unerhörtes Glück, ungläubiges Staunen

über so viel große, ruhige Schönheit. Augenblick und Ewigkeit – nirgends wird das fühlbarer als gerade hier. Die Berge, der See, der Rost, das schwimmende Kunstwerk, die Arche Noah, der Versuch, zu überleben, trotz allem. Der Zürcher Freund, noch skeptischer als ich (»Bruchet mir das?«), wird ganz still, schaut bei der Rückfahrt auf den Monolith und sagt: »S'isch tipptopp. Mir bruchet das.« Und wir sind uns einig: Die Schweiz ist moderner als ihr Ruf, das ist keine renitente Bande konservativer Schokoladengoldbarrenfresser. Die haben Witz, Power und Ideen.

Ja, im Migrospavillon habe ich dann auch Käse und Heidi, Tell und Goldbarren, Waffen, Kühe und Bundesräte gesehen, augenzwinkernd, die Schweiz kann über sich lachen, immer ein gutes Zeichen. Und so kann man irgendwo auch nicht ums Goldene Kalb tanzen, sondern reitet auf einem goldenen Kalb Rodeo.

Lange habe ich im Happy-End-Pavillon in Biel bei den SOS-Notrufsäulen still in einer Ecke gesessen und nur beobachtet – die Säulen sind für verschiedene Kümmernisse zuständig, für »Übergewicht«, »Traurigkeit«, »Stress«, man kann den Hörer abnehmen und wird getröstet. Alle drücken sich um »Liebeskummer« herum, alle landen irgendwann bei »Liebeskummer«, verstohlen, und was hört man? Irgendjemand singt »Liebeskummer lohnt sich nicht, my darling«, und aus der SOS-Säule für »Entfremdung« klingt »Heidi, Heidi, deine Welt sind die Berge«. Witz und Ironie auch hier, und Harald Szeemanns berühmte Geldschreddermaschine, die ununterbrochen echte (ausgemusterte) Hundertfrankenscheine zerreißt, wirkt dagegen obszön und peinlich. Fassungslos sehen Leute zu, denen Geld durchaus fehlt, und der Satz an der Wand, dass es vieles gibt, was man sich für Geld nicht kaufen kann, zum Beispiel Träume – er wirkt geradezu unverschämt. So reden die, die genug haben, immer. Aber vielleicht ist das gerade die Entlarvung, der doppelte Boden, die Ironie?

Ja, mir bruchet das. Und wir denken an die Potentaten, die sich mit einem Tausender die Cohiba anzünden, und an die Kokser, die einen Hunderter rollen zum Schnupfen. Das ist auch obszön. Unser Umgang mit Geld ist obszön. Epikur rät, dass nicht die Vermehrung der Habe angsagt sei, sondern die Verringerung der Wünsche.

Nationalrat Blocher soll da gewesen sein und gesagt haben: »Wer hinwill, soll das tun; wer nicht geht, braucht es nicht zu bereuen.« Glauben Sie dem Mann nicht. Er hat keine Ahnung. Man konnte ihn übrigens als Wachskopf im Kabinett der Vorurteile und Klischees auf der Expo besichtigen, gleich neben Tell, Waffen und Käse.

Vorsicht! PALERMO

I ch fotografiere fast nie auf Reisen, ich muss immer gucken und ganz im Augenblick sein, um mich später zu erinnern. Aber hier gibt's tatsächlich mal ein Foto, ein Selfie: Ich sitze mit meinem Freund Aurelio an der Piazza Verdi, auf den Stufen der Oper von Palermo, dem Teatro Massimo. Genau auf diesen Stufen und vor diesen Säulen wurde in Coppolas Film *Der Pate* Mary erschossen, die Tochter des großen Mafioso Michael Corleone, gespielt von Al Pacino.

Hätten wir besser fotografiert, könnte man die erstaunliche Inschrift oben lesen:

»L'arte rinnova i popoli e ne rivela la vita. Vano delle scene il diletto ove non miri a preparar l'avvenire.«

»Die Kunst erneuert die Völker und offenbart ihnen das Leben. Unnütz ist die Unterhaltung im Theater, wenn sie nicht auch der Zukunft den Weg bereitet.«

So steht es über dem Portal des Teatro Massimo geschrieben, dem wunderschönen Opernhaus, dem größten in ganz Italien, dem drittgrößten in Europa. Von wem das Zitat ist, weiß man nicht, verschiedene Schriftsteller aus der Zeit des Baus, 1875–1897, waren im Gespräch, man einigte sich schließlich auf »uno, nessuno o centomila«, einer, keiner oder hunderttausend – schöne sizilianische Wurschtigkeit!

NON VI LASCIAMO SENZA MUSICA

TEATRO MASSIMO TV

Und heute weht unten an der Treppe eine weiße Fahne mit der Aufschrift: »Non vi lasciamo senza musica!«, wir lassen Sie nicht ohne Musik!

Ab 1974 war das Haus über zwanzig Jahre lang geschlossen, »chiuso per lavori«, wegen Umbau – stimmte nicht: Die Mafia hat dafür gesorgt, dass die Bürger von Palermo keine Kultur mehr hatten, nichts, was hätte aufrühren, aufwiegeln oder auch nur stark machen können. Leoluca Orlando, zum sechsten Mal Bürgermeister von Palermo, nun kann er nicht mehr wiedergewählt werden, sagt: »Das passiert auf der ganzen Welt. Die russische Mafia pervertiert die russische Kultur, die chinesische Mafia pervertiert die chinesische Kultur, die arabische Mafia pervertiert die arabische Kultur und so weiter.«

Die so oft geschmähte, vergessene, ausgesperrte, totgesparte, ja pervertierte Kultur: das Wichtigste, was ein Volk ausmacht. Die polnische Filmregisseurin Agnieszka Holland sagte mal in einem Interview an die Adresse der Politik: »Die Kultur ist keine kleine Blume, die man sich gelegentlich ans Revers heftet ...«

Leoluca Orlando weiß das. In der Tat: Das Teatro Massimo hätte umgebaut, renoviert werden müssen, aber mafiöse Strukturen im Baugewerbe sorgten dafür, dass es dazu nicht kam. Erst 1997 wurde das dann endlich renovierte Haus wiedereröffnet, Claudio Abbado dirigierte Verdis *Nabucco* mit dem berühmten Gefangenenchor: »Va pensiero sull'ali dorate … flieg, Gedanke, auf goldenen Flügeln …« Auch der alte Toscanini hat das nach dem Krieg in Mailand dirigiert, als die Scala wiedereröffnet wurde. Es ist die eigentliche italienische Hymne von den Gedanken, die frei sind und über Grenzen, Diktatoren und Mafiosi hinwegfliegen.

Die Wiedereröffnung der großartigen Oper ist vor allem dem unerschrockenen Mafiagegner Leoluca Orlando zu verdanken, er hat jahrelang dafür gekämpft. Er hat in diesem Kampf Freunde verloren – 1992 die Richter Giovanni Falcone und Paolo Borsellino, nach denen heute der Flughafen benannt ist, sie wurden von Mafiosi ermordet. Er selbst wurde seit 1985 vom Personenschutz schwer bewacht, musste lange Jahre fast täglich in verschiedenen Wohnungen übernachten, seine Familie vernachlässigen, er hat nie aufgegeben. Seine 2002 veröffentlichte Autobiografie heißt *Ich sollte der Nächste sein*, und er erzählt, wie seine Frau Milli nicht wollte, dass er wieder und wieder zum Bürgermeister gewählt wurde – sie wollte ein normales Leben mit ihm, und so hat sie überall gegen ihn gewettert: »Wählen Sie bloß nicht diesen Mann!« Es nützte nichts.

Er hat weitergemacht, und Palermo wurde mit ihm wieder zu einer lebenswerten Stadt, nicht zuletzt durch die Wiedereröffnung des Massimo, wie er seine Oper nennt. Und stolz sagt: »Hier regiert die Mafia nicht mehr. Hier regiere ich.«

Leoluca Orlando ist ein unerschrockener, lustiger, hochgescheiter Sizilianer, der auch sehr wütend werden kann. Auf dem Höhepunkt der Flüchtlingswelle 2015 schrieb er seine *Charta di Palermo*, in der er forderte, das Recht des Menschen auf Mobilität als Menschenrecht anzuerkennen und Flüchtlinge nicht in die Illegalität zu treiben. Als sich der damalige rechtsnationale Innenminister Salvini mit der Rettungsschiff-Kapitänin Carola Rackete anlegte, sie als Mörderin, Kriminelle, Idiotin, Rasta-Marionette und deutsches Püppchen bezeich-

nete, und als er sich anschickte, die italienischen Häfen für Rettungs-
boote dichtzumachen, da ließ Orlando die Flüchtlinge in Palermo an
Land.

Er hat in Heidelberg studiert,
spricht perfekt Deutsch, schreibt
wunderbare Kurzgeschichten und
ist, als ich ihn wieder mal in Palermo besuchte, nachts zum Hafen
gegangen, wo die Flüchtlinge ankamen. Er hat jeden persönlich
gefragt: »Was bist du von Beruf?
Schlosser? Brauchen wir in Messina. Du bist Arzt? Geh aufs Land, da
wirst du gebraucht. Ihr seid Maurer? Meldet euch in Catania.« Er
packt an, er hilft, er ist ein Wunder an Energie und ein Weltmeister der
Freundschaft. Wenn etwas Großartiges in der Oper auf dem Plan
steht – er selbst ist ein großer Opernfan, er verpasst keine Premiere –,
dann ruft er mich an, dass an der Kasse für mich eine Karte läge.
Richard Wagners *Fliegenden Holländer* habe ich so in Palermo auf Italienisch gehört, *L'olandese volante*, ein Ereignis der ganz speziellen Art –
wie *Tosca* in Stockholm auf Schwedisch. Der verwunschene Seemann,
der nur alle sieben Jahre einmal an Land darf, singt düster: »Die Frist
ist um – il termine è trascorso …«, schon gewöhnungsbedürftig! Und
auch sehr komisch und wunderbar international, wie Opern nun mal
sind und weshalb sie unter anderem so verbinden, so glücklich machen: Den Steuermann sang in Palermo auf Italienisch – ein Schwede,
Gunnar Gudbjørnsson. »Ach, lieber Südwind, blas noch mehr … ah,
caro vento del sud, soffia più ancora!«

Leoluca Orlando hat mein auch in Italien erschienenes Katzen-
buch über den Kater Nero Corleone seinen Enkeln geschenkt. Es durfte vorsichtshalber in Italien nicht *Nero Corleone* heißen, sondern es
hieß *Nero cuor di leone*, Nero Löwenherz. Corleone, das stand zu sehr
für Mafia.

Leoluca ist mit mir in einem gepanzerten Auto nach Corleone gefahren, der kleinen Stadt auf dem Berg, Richtung Agrigent, der Mafia-
stadt schlechthin, aus der er selber stammt. Heute leben hier fast nur
noch Frauen und Kinder, die Männer sitzen im Knast oder haben sich
gegenseitig totgeschossen. Man muss keine Angst mehr haben, und
Leoluca, immer noch bewacht, steht in Hemdsärmeln vor der Bar, in
der Filmbilder aus *Il Padrino* hängen, und stößt mit den Dorfbewoh-
nern an. Sie lieben ihn.

Na ja … nicht alle, natürlich. Vorsicht!

In WIEN *wegen Wien*

Nirgends, nirgends aber war ich so oft, immer wieder, wie in Wien.
Wegen allem.

Wegen Senta, wegen André, wegen Radek, wegen Qualtinger, wegen Leopold Hawelka, wegen der Buchteln, die seine Frau Josefine jede Nacht, noch bis zu ihrem Tod 2005, nach böhmischem Rezept duftend buk, wegen der Oper, wegen des Naschmarkts, wegen Schuberts Sterbezimmer in der Kettenbrückengasse 6, wegen der Törtchen im Café Dehmel, wegen –

Wegen Wien halt. Wien, Wien. Nur du allein. Jaja, ein Pole, nein, dann war er ja Wiener mit dem unaussprechlichen Namen Rudolf Sieczynski, hat es komponiert und gedichtet, dieses Lied von der Stadt, »dort, wo die alten Häuser steh'n, / dort, wo die lieblichen Mädchen geh'n«, und es gibt einen Ort in der Nähe der Oper, da tragen die Stühle Ballettschühchen …

Ach, dieses vermaledeite, unfreundliche, schöne alte Wien. Im kältesten aller Winter war ich einen Monat dort, im Januar 1985, als bei minus 25 Grad die Vögel erfroren vom Himmel fielen und die Metro nachts die Gänge für die Obdachlosen offen ließ. Ich war allein und mürrisch und unglücklich, und ich trank zu viel und lief zu viel rum und fror dauernd und schrieb nächtelang an meinen ersten Geschichten, in der seltsam verplüschten, düsteren Hinterhauswohnung des Schauspielers Herbert Fux, der zu der Zeit in Salzburg lebte. An einem Samstag war ich angekommen, und am Sonntagmorgen um neun sang ein Herr im Radio:

»Was den Sonntag erst zum Sonntag macht, das ist der Guglhupf, das ist der Guglhupf.«

Genau das richtige Lied gegen Liebeskummer, dachte ich. Und ich hatte Liebeskummer, nicht zu knapp. Man muss fliehen, wenn man eine Liebe beendet hat, nach einem Mord flieht man ja auch. Kein großer Gedanke, das. Aber, sagt André Gide, es ist ja alles auf der Welt schon mal gesagt worden, und weil niemand zuhört, muss man es immer wieder sagen. In Wien suchte ich die Trauer im Lachen, den Schmerz in der Heiterkeit, ich wollte einfach wieder ein Leben haben. Und sei es nur ein vorgetäuschtes, andere täuschen ja sogar ihren Tod vor, also, warum nicht.

Noch am selben Tag hörte ich im Mozartsaal zwei Stunden lang Helmut Qualtinger zu, der aus Karl Kraus' *Die letzten Tage der Menschheit* bravourös las, er war sehr dick, sehr bissig, sehr verletzlich, er tänzelte, er grantelte, er gab besoffene Leutnants, hungrige Kinder, brutale Väter, machtgierige Beamte, schlaue Wiener, durchorganisierte Preußen. Er gab Kronprinzen und Kaiser, Feldgendarmen und Pfarrer, da stimmte jeder Blick, jede Nuance, jede noch so kleine Geste, das ist unvergesslich. Ich versuchte, die schönsten Sätze mitzuschreiben, dabei kann man doch alles nachlesen, später, wie Ganghofer zu S. M. dem Kaiser sagt: »Der reine Tisch ist immer das beste Möbelstück in einem redlichen Haus«, und Qualtinger singt mit zarter Stimme »Ja, so a

Räusch'l is mia liaber / als wia a Krankheit / als wia a Fieber!«, und dann spielt er alle Rollen in der gespenstischen Szene, als die Kinder hungern und die Mutter tröstet: Wartet, gleich kommt der Vater, der steht um Rüben an. Und als der Vater kommt, rufen die Kinder: »Vater, Brot! Brot!«, und der Vater steht mit leeren Händen da und ruft: »Kinder, ich hab gute Nachrichten: Russland verhungert!«

Was für ein Abend. Dafür allein hat sich die Reise schon gelohnt, die ich im tiefen Winter machte, um ausgerechnet in Wien mein gebrochenes Herz zu heilen. Normalerweise erschießt man sich hier ja eher. Ich wollte versuchen, mich mit Theater, Musik und Grünem Veltliner zu retten.

Und jeden Abend war ich in der Oper, im Kino, im Theater, im Tagebuch kleben noch alle Eintrittskarten, hier 720 Schilling in der Staatsoper für *La Traviata,* von Otto Schenk inszeniert, den  Alfredo sang ein damals noch nicht weltberühmter Mensch namens José Carreras, und neben mir saß eine Dame und seufzte: »Ach, der Carreras! Mehr wie singen kann er halt nicht.« Ja, was hatte sie erwartet?

In Glaskästen hingen Zeitungen aus, ich las: »Betrüger prellten zwanzig Frauen um Millionen!« Welch interessante Ansammlung von Betrügern, Frauen und Millionen! Ich schrieb eine Geschichte darüber, sie hat das Licht der Welt nie erblickt, half mir aber durch eine besonders düstere Nacht.

Und weil mir so düster zumute war, übrigens in Wien geradezu immer die vorherrschende Stimmung, fuhr ich natürlich oft raus zum Zentralfriedhof mit der Linie 71, 2. Tor, in der Bahn zwei Frauen, auch unterwegs zum Friedhof, mürrisch, Blumengestecke in den Händen: »Wos is der Mensch? Goa nix.« »Mancher meint wer weiß, wos er is, und hat am End doch auch nur a Grabstöll.«

So isses, und diese Grabstellen teilen Wichtiges mit: »Hier ruht in Frieden Herr Anton Schreiber, K. K. Verzehrungssteuerlinienoberamtsverwalter i. R.« Das muss ein Leben gewesen sein, mit diesem Beruf! Und die Witwe ist jetzt tatsächlich Verzehrungssteuerlinienoberamtsverwalterswitwe. Friedhöfe trösten immer. Wenn die es alle geschafft haben, schaff ich das auch.

Das Burgtheater gibt Ferdinand Raimund, *Der Diamant des Geisterkönigs*, eine Zauberposse mit Gesang in zwei Aufzügen. Paula Wessely

spricht, als müsse sie nach jedem Satz ihr Gebiss festzurren, es war, weiß ich heute, ihre letzte Theaterpremiere; Attila Hörbiger, fast neunzig Jahre alt, kaum noch in der Lage, zu gehen, machte auch irgendwas auf der Bühne, auch für ihn war es der letzte Auftritt, und alles war erbärmlich: Dauernd ging was schief – gleich zweimal wurden die falschen Kulissen herabgelassen, schnell wieder weggezogen, Lichter fielen aus, jemand stolperte und stürzte – und am Ende sangen alle zittrig »Der kleine Liebesgott / treibt mit uns allen Spott / kaum trifft er uns in Herz / so fliegt der kleine Schelm davon / er fliegt davon«.

Warum hab ich mir so was angesehen? Keine Ahnung. Burgtheater halt, *aach amoi*. Aber im Flur ehrwürdig die Marmorbüsten von Josef Kainz, Helene Thimig, Ewald Balser, Deckengemälde von Klimt. Es hilft nichts, es war alles furchtbar. 240 Schilling.

Am nächsten Tag: Für 400 Schilling das Akademietheater, Dieter Giesing inszeniert eine fatale Eheschlacht von Lars Norén, *Dämonen*, mit Erika Pluhar und Hans Michael Rehberg als das mondäne und Waltraud Jesserer und Gerd Böckmann als das bürgerliche Paar. Sie zerfleischen sich, und ich bin wieder im richtigen Leben angekommen.

Und so geht es weiter, Abend für Abend, Tag für Tag. Aufsaugen, sehen, hören, lesen, im Hawelka am frühen Abend Debreziner essen mit scharfem Kren (Meerrettich) und dazu ein Achtel Veltliner. Seufzend bleibt der Kellner am Tisch stehen.

»A Achtel.«

»Ja.«

»Und Debreziner.«

»Ja.«

»Mit an schoafen Kren.«

»Ja.«

»Na werden S' a Viertel brauchen.«

»Erst mal nur ein Achtel.«

»A Achtel. Und kaum haben S' des getrunken, lauf ich schon wieder. Sie werden a Viertel brauchen.«

Es ist jedes Mal ein Kampf, und er gewinnt ihn immer.

Fast immer! Das ist ein Achtel.

Im Kino sehe ich Fellinis *Amarcord,* diesen Wunderfilm mit dem alten Ehepaar Aurelio und Miranda beim Frühstück. Er betrachtet das Frühstücksei und sagt: »Jedes Mal, wenn ich ein Ei esse, könnte ich es stundenlang betrachten, und ich frage mich, wie die Natur etwas so Vollkommenes schaffen konnte.« Und Miranda sagt: »Aber die Natur hat ja auch Gott gemacht, Aurelio, und nicht so ein Dummkopf wie du.«

Und wie still der alte Aurelio dasitzt und mit der Hand leise über das Tischtuch streicht, als Miranda tot ist … Und dann kommt das Kapuzenkind, das der weißen Kuh im Nebel begegnet … Es gibt so viel unsagbar Schönes, Tröstliches, Poetisches in der Welt, und da ist ein Liebeskummerherz eigentlich nur dumme Verschwendung.

Am 20. Januar habe ich eine Karte für das Theater in der Josefstadt, Hermann Bahrs *Wienerinnen* will ich mir ansehen, und als ich hinkomme, großer Auflauf, Geschrei, Aufregung. Ein Darsteller hatte einen Autounfall, bis Februar muss alles ausfallen. »Was hat er denn?« »Is a Blut g'floss'n?« »Is was gebrochen?« »Wird er's überleben?« »Die Feuerwehr soll ja gekommen sein!« »Dann ist es wohl sehr schlimm!« Auch das ist: Theater.

Ich fahre also mit der Straßenbahn wieder nach Hause in diese seltsame Wohnung, trinke einen schweren Rotwein und höre eine Platte mit Trios von Ravel und Tschaikowsky, in den frühen fünfziger Jahren eingespielt von dem sogenannten *Million Dollar Trio,* den drei Stars Arthur Rubinstein, Jascha Heifetz und Gregor Piatigorsky. Es soll damals erbitterten Streit gegeben haben, wer auf der Platte und auch auf den Plakaten zur Konzerttournee als Erster genannt würde – Rubinstein bestand darauf, er müsse das sein. Als Heifetz das aber auch für sich reklamierte (von Piatigorsky sind solche Eitelkeiten nicht bekannt!), soll Rubinstein geschrien haben: »Und selbst wenn Gott die Geige gespielt hätte, auch dann stünde da: Rubinstein, Klavier; Gott, Geige.« So was passt irgendwie gut nach Wien, an dem Abend hat es mich getröstet, wie auch diese Musik.

Dafür das Volkstheater am 24. Jänner, wie es hier heißt: Man gab 's *Wiesnhendl* von Fritz von Herzmanovsky-Orlando.

Mit 225 Schilling war ich gut dabei bei dieser unsäglichen Posse, und ich trug einen einzigen guten Satz mit nach Hause in die düstere Wohnung: »Nur wenige Fremde überleben einen Winter in Wien!«

Und dann, irgendwann, tanzt Rudolf Nurejew in der Staatsoper, und ich sehe ihm zu. Es hatte natürlich keine Karten mehr gegeben, aber ein einflussreicher Freund verschaffte mir im letzten Moment mit einem halbkriminellen Trick Klappsitz No. 1 rechts, vorn im Gang, Notsitz, und Nurejew tanzte, und es war gar nicht so wunderbar, wie ich es erhofft hatte, vielleicht war er schon zerstört durch sein allzu wildes Leben, 47 Jahre alt, und verliebt war ich auch schon nicht mehr in ihn, der für mich lange der schönste Mensch der Welt gewesen war.

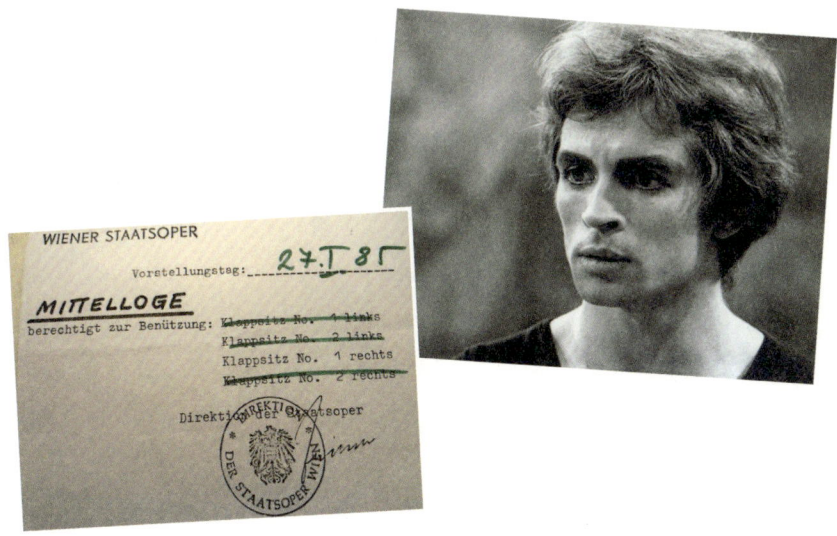

Und ich verstaute hinterher die Pumps in der Plastiktüte und zog die dicken Schuhe an, denn draußen schneite es, »dort, wo die alten Häuser steh'n, / dort, wo die lieblichen Mädchen geh'n«. Wien, Wien, nur du allein.

Nur wenige Fremde ... ich hab ihn überlebt, den Winter 1985 in Wien.

... UND
IMMER WEITER!

Allein in VENEDIG

Ti vedo

Ti sento

Mi perdo

Salvatore Sciarrino

Man vergisst die erste Ankunft in Venedig nie. Am schönsten ist es, wenn man mit dem Zug kommt. Alles ist anders, wenn man aussteigt, alles: die Farben, die Luft, die Gerüche, die Geräusche, die unerhörte große Wasserstraße, die man zum ersten Mal sieht, der *Canal Grande,* wie ist so etwas denn möglich, wenn man aus München oder Essen kommt, gerade mal zwanzig Jahre alt? »Straßen voller Wasser«, soll der amerikanische Schriftsteller Robert Benchley, der in New York zur witzigen Algonquin-Tafelrunde um Dorothy Parker gehörte, bei seiner Ankunft in Venedig nach Hause telegrafiert haben, »*erbitte weitere Anweisungen!*«.

Heute weiß ich, nach inzwischen unzähligen Venedigbesuchen: Damit Venedig zu einem spricht, muss man allein sein. Und es muss Nacht sein. Und Winter. Dann ist die Stadt ein schlafendes, verzaubertes Dornröschen. Venedig erfährt man durch lange stille Wanderungen und den melancholischen Blick dessen, der allein reist. Man muss schweigen, um das Wasser zu hören. Venedig ist eine Nacht-, ist eine Winterstadt, »Venedigs Seele, die Seele, mit der die alten Künstler die schöne Stadt bekleideten, ist herbstlich«, schrieb Gabriele D'Annunzio. Tagsüber beleuchtet die Sonne Armut und Verfall, aber nachts auf dem Dorsoduro, der Promenade gegenüber der Giudecca, wenn die rosafarbenen Gaslaternen durch den Nebel flimmern, hat man das Gefühl, man sei direkt im Herzen aller Schönheit. Und so viel Schönheit wird erträglich, weil man sieht: Sie bröckelt auch, sie verfällt. In Lord Byrons berühmter Dichtung *Childe Harold's Pilgrimage* heißt es:

> *Verstummt sind in Venedig Tassos Lieder;*
> *Still rudert, ohne Sang, der Gondolier;*
> *Paläste bröckeln auf das Ufer nieder,*
> *und selten tönt Musik durch das Revier,*
> *die Zeit ist hin, doch weilt noch Schönheit hier ...*

Die Gondolieri singen auf Wunsch noch immer. Mark Twain, der sich wie über alles auch über Venedig lustig macht, beschreibt, wie er seinen singenden Gondoliere zum Schweigen gebracht hat: »Jetzt hör mal her, Rodrigo Gonzalez Michelangelo, ich bin ein Pilger, und ich bin ein Fremder, aber ich bin nicht gewillt, meine Gefühle von einem solchen Gejaule zerfleischen zu lassen. Wenn das nicht aufhört, muss einer von uns ins Wasser ... Noch ein Quiekser, und du gehst über Bord!«

Kein Auto. Kein Bus. Kein Motorrad. Keine Pferdedroschke. Nicht einmal ein Fahrrad. Kein Hupen. Kein Bremsen, kein Klingeln. Nur Glocken von allen möglichen Kirchen, das Gurren der Tauben, das Schreien der Möwen, der Wellenschlag an den alten Mauern, der Ruf der *gondolieri*, fast selbst schon Musik: »*Gondola, gondola!*«

Gibt es irgendeinen künstlerisch fühlenden, denkenden, arbeitenden Menschen, der nicht wenigstens einmal in seinem Leben nach Venedig gereist wäre?

Nein, nicht nur Goethe. Auch schon sein Vater. Und Thomas Mann, der hier *Der Tod in Venedig* konzipierte, Lord Byron, der die historische Tragödie *Die beiden Foscari* über zwei Dogen schrieb, von Verdi später als Oper komponiert, Ezra Pound, der Verse über Venedig schrieb, arm war, auf dem Dorsoduro Graupensuppe aß und auf San Michele, Venedigs Friedhofsinsel, begraben liegt, George Sand und Alfred de Musset, die in Venedig ihr Liebesdrama lebten, Hermann Hesse, der sich immer verlief, Joseph Brodsky, der auch nur im Winter kam, Montaigne, der am liebsten in Venedig zur Welt gekommen wäre, D'Annunzio, der in Venedig die Duse kennenlernte und eine Liebesaffäre mit ihr begann, Rousseau, der jeden Abend in die Oper fuhr und zuhause auf einem gemieteten Cembalo die schönsten Arien nachspielte, Proust, der mit seiner Mutter da war und seine Zeit in Venedig »selige Tage« nennt, Hemingway, der *Harry's Bar* berühmt machte, Boris Pasternak, der mit 22 Jahren kam und hier erst begriff, was Kunst, was Schönheit ist – ach, die Liste ist endlos, und das sind gerade mal nur die Dichter, die mir auf Anhieb einfallen. Dann erst die Musiker! Die Maler!

Einmal saß ich abends im Hof vor dem Konservatorium und lauschte der Klaviermusik aus den Übungssälen, jemand spielte das gleiche Stück von Rachmaninow, das ich seit Wochen zuhause hörte. Ich habe in Venedig oft das Gefühl von einem tiefen, fast schmerzlichen Frieden, »pace, pace!«, wie es die Leonoren in den Opern immer singen.

Kein anderes italienisches Opernhaus, auch die Mailänder Scala nicht, galt lange so sehr als Inbegriff italienischer Opernkultur wie *La*

La riva degli Schiavoni.

Fenice in Venedig – Paisiello, Cimarosa, Rossini, Bellini, Mozart, Donizetti, Verdi, Puccini, Wagner, Bizet, alle großen Komponisten erlebten Aufführungen – oft Uraufführungen – ihrer Werke im *La Fenice*. Auch Strawinskys *The Rake's Progress*, Luigi Nonos *Intolleranza*, Bruno Madernas *Hyperion* und Luciano Berios *Esposizione* – Opern des 20. Jahrhunderts – wurden hier zum ersten Mal in Szene gesetzt. Das *Teatro La Fenice* ist kein Museum, wenn es auch so aussieht.

Die Stadt kann man nicht fassen. Töne, Musik, kann man auch nicht fassen. Bilder kann man betrachten, Musik kann man hören, und sie ist im selben Moment verklungen, in dem man sie hört, aber sie hinterlässt etwas in uns. Sie gräbt uns um. In dieser Stadt, Wasser unter sich statt festem Boden, ist der Mensch – vielleicht – mehr Seele als Körper, weniger für die Leidenschaft gemacht als für das innige, zarte Begreifen. Hier, endlich, erreicht Musik uns: ganz.

Bei einem meiner vielen Aufenthalte wohnte ich direkt neben der Oper *La Fenice* im Hotel *La Fenice et des Artistes,* wo viele Sänger und Künstler regelmäßig absteigen. Üppige Fotowände im Aufenthaltsraum geben Zeugnis davon. Ich hatte ein kleines, sonniges Zimmer mit dunkelroter Seidentapete und wenigen, alten Möbeln, und wenn ich das Fenster weit öffnete, kam immer von irgendwoher Musik – aus den Proberäumen der Oper, vom Einsingen der Sänger, aus den Gondeln des nahen Kanals, manchmal ging einfach nur unten jemand vorbei und sang. Es war März, sonnig, aber kühl. Keine Mahlzeiten auf der Terrasse. Und ich dachte an die großartige Ruth Klüger, die ihre unbehauste Kindheit in den Konzentrationslagern der Nazis verbracht hatte und später auf die Frage eines Journalisten, was denn Glück für sie bedeute, nach langem Nachdenken antwortete: »Sonne auf der Hoteltapete.«

Ich bin glücklich. Ich bin geborgen, die Sonne scheint, ich lebe. In Venedig! Mehr geht nicht.

Ich besuche das Guggenheim Museum am Canal Grande. Im Garten eine Leuchtschrift von Maurizio Nannucci:

Changing place
changing time
changing thoughts
changing future.

Er hat recht, denke ich, jede Reise verändert das eigene Leben, die eigene Zukunft. Daneben das Grab von Peggy Guggenheim und von vierzehn ihrer Hunde, mit Namen und Lebensdaten auf Marmor. Ein paar Schritte weiter wächst ein wunderbar sperriger Olivenbaum mit einem Stamm wie ein menschliches Gesicht – ein *Wish Tree,* ein Wunschbaum, *with love to Peggy from Yoko Ono.*

Ein Foto der so schön und gelassen alternden Yoko Ono hängt über meinem Schreibtisch. Alles hängt mit allem zusammen. Auch Jenny Holzer fehlt nicht: in ein Marmorbänkchen beim Eingang hat sie einen ihrer berühmten Sätze graviert:

»Savor kindness because cruelty is always possible later.«

Ja, ich will mir für eine Weile die venezianische Sanftheit und Freundlichkeit bewahren. Die Grausamkeit kommt später schon von ganz allein.

Ein Geist geht um.
SILS MARIA

Im alten, ehrwürdigen, 1908 erbauten Waldhaus im Engadin, wo ich seit Jahrzehnten einmal im Jahr ein paar Tage sein MUSS, sonst geht es mit mir nicht gut weiter, in diesem großen, stillen Waldhaus gibt es einen Geist. Ich wollte eigentlich nie darüber sprechen, aber nun ist es raus. Der Geist ist der Grund, weshalb ich immer wieder hinfahre. Ich habe ihn noch nie gesehen, aber ich weiß, dass er da ist, und das ist jetzt kein Gespenst im weißen Nachthemd, ich bitte Sie, es ist etwas anderes.

Einmal zum Beispiel bin ich bei klirrender Kälte mit Anna und Daniel Keel, die nun beide tot sind und mir fehlen mit ihren leidenschaft-

lichen Streitereien, im tiefen Schnee von der Chasté unten hochgestapft zum Waldhaus oben, und sie haben sich so gestritten und angeschrien, dass ich fürchtete, das ganze Dorf Sils Maria würde erwachen und uns wütend unterm Schnee begraben. Aber auf dem Weg zum Waldhaus hoch hört einen niemand, vielleicht traut man sich deshalb, endlich mal so richtig zu schreien? Diese Ehe ist am Ende, dachte ich verzagt, denn bei uns begann es auch gerade zu bröckeln. Aber wir schwiegen, während sie sich so anbrüllten, dass ich sicher war: Gleich bringen sie einander um.

Als wir im Waldhaus ankamen, spielten drei Herren, die zusammen tausend Jahre oder vermutlich noch älter waren, seltsam durch die Jahrhunderte irrende Musik in der sanft beleuchteten Halle. Uns wurde Alkoholisches gebracht, uns wurde warm, etwas schwebte durch den Raum und wir hielten uns plötzlich an den Händen, kicherten wie die Teenager, erzählten uns Geschichten, die mit »Weißt du noch …?« begannen, und waren von einem milden Frieden watteweich umgeben. Anna und Daniel waren verliebt und flirteten, und sogar wir beide prosteten uns freundlich zu. Bis zu der Sekunde, als wir das Waldhaus verließen: Da schrien sie wieder, und nun schrien auch wir, und es war ein gewaltiges doppeltes Paargetöse. Ich wäre am liebsten wieder umgekehrt, aber es war schon sehr spät und oben löschten sie die Lichter.

Ein anderes Mal war ich mit einer Freundin im Waldhaus, nach mehr als achtzig Kilometern Autofahrt über den Julierpass von Chur nach St. Moritz hoch und weiter nach Sils Maria, bei strömendem Regen in einem geliehenen Cabrio, dessen Dach sich nicht schließen ließ. Wir redeten nicht mehr miteinander, wir waren wegen des Cabrios vollkommen zerstritten, schwiegen, taten, als würden wir die schwammnassen Sitze, die nassen Kleider, das im Fußraum stehende Wasser nicht bemerken, und fuhren schweigend und sehr zornig beim Waldhaus vor. Triefend gingen wir in die schöne Halle, setzten uns auf zwei Sessel, die durch einen Tisch getrennt waren, ließen kleine Seen unter uns, tranken etwas Warmes, und dann lächelten wir uns an, und

sie sagte: »Das war vielleicht eine Fahrt!«, und ich sagte: »Wer so was übersteht, übersteht alles!«, und wir hatten eine herrliche Woche. Das Auto trocknete, das schadhafte Dach wurde repariert, wir fuhren über den Maloja zurück hinunter ins Bergell, und schon bei Chiavenna stritten wir wieder, bis Basel, da stieg ich aus, fuhr mit dem Zug zurück und verließ sie mitsamt ihrem dämlichen Cabrio.

Einmal war ich allein im Waldhaus, mir ging es schlecht, und ich saß oft wie ein Häufchen Elend unten im Nietzschehaus und dachte an ihn mit seinem rauchenden Ofen und all den Launen und Leiden, dem war es auch schlecht gegangen, und nachts im Waldhausbett, die riesigen Bäume vorm Fenster, schwebte plötzlich irgendetwas in mein Zimmer. Es saß auf der Bettkante und sah mich, das fühlte ich, sanft an, und mir war, als hörte ich: »Loslassen!«

Einfach loslassen. Diese großen, ziemlich gleichgültigen Berge ansehen und über wichtig und unwichtig nachdenken. In der Bibliothek beim Licht grüner Lampen sitzen, die *New York Times* lesen und denken: Wie groß ist die Welt! Und wie still ist es hier!

Stille zulassen. Lange Wanderungen habe ich damals gemacht, allein, ins Fextal hoch, an der anderen Seite herunter zum See, die Schuhe in der Hand, über Wiesen, durch den steinigen Wald zurück, wieder mit Schuhen an den Füßen, besinnungslos vor Glück, das Herz weit. Um die Chasté herum, immer den Blick auf Wasser und Berge, Rast am Nietzsche-Stein, *Oh Mensch! Gieb acht! ...*

Dann in meinem Zimmer, ganz still auf dem Bett, die Fenster weit offen, und da kam er wieder von draußen herein, der Geist, ich machte nicht die Augen auf, um ihn nicht zu vertreiben, ich wusste ja, dass er da war, und er sagte leise: »Siehst du. Es geht.«

Ich war schon oft im Waldhaus. Waldhaus. Der Name ist ein Witz. Wald, ja, aber Haus? Es ist ein Schloss, eine Burg, eine Festung, etwas Uneinnehmbares, Gewachsenes, man muss tatsächlich zu Fuß hinaufkraxeln, um das zu begreifen. Und wenn man drin ist, ist die Welt draußen, in keinem anderen Hotel der Welt ist das so. Da ist nichts mehr. Nur noch man selbst. Und weißer Wein, Bündner Graupensuppe, die tausendjährigen Herren mit ihrer flirrenden Musik, die Eichhörnchen vorm Fenster, das stille Zimmer. Der Geist an meinem Bett, wie die

Engel in der Kindheit. Die Engel habe ich verloren. Es waren mal vierzehn, wie im Lied aus Humperdincks *Hänsel und Gretel*:

> *Abends, will ich schlafen gehn,*
> *vierzehn Engel um mich stehn:*
> *zwei zu meinen Häupten,*
> *zwei zu meinen Füßen,*
> *zwei zu meiner Rechten,*
> *zwei zu meiner Linken,*
> *zweie die mich decken,*
> *zweie die mich wecken,*
> *zweie die mich weisen*
> *zu Himmels Paradeisen.*

Ja, so war das mal. Wo sind die alle hin? Aber vielleicht stimmt zumindest die Sache mit dem Paradeis, sie haben mich irgendwann hier landen lassen, im Waldhaus, und da sitzt wenigstens einer, kein Engel, aber doch ein Geist, zu meinen Häupten, leise, und sagt: »Schlaf du jetzt.«

Wenn der Wunsch, beschützt und behütet, sicher und geborgen zu sein, so übermächtig wird, dass ich mitten am Tag in Tränen ausbreche, dann hilft nur eines: schnell ins Waldhaus. Ein wenig abwarten – kommt er? Er kommt immer. Er sitzt immer am Kopfende, und ich höre ihn lächeln. Er wohnt übrigens, das weiß ich jetzt, ganz oben in der gewaltigen Lampe im Flur. Aber meistens ist er draußen im Wald. Damit er jederzeit durch die fast immer offenen Fenster ins Zimmer kommen kann, vermute ich.

Ich bin glücklicher als Kleist und die Günderrode, die keinen Ort auf dieser Welt hatten. Christa Wolf nannte ihr Buch über die beiden *Kein Ort. Nirgends.*

Ich habe einen Ort. Eine uneinnehmbare Festung der Güte und Schönheit. Ich muss bald wieder hinfahren.

Mein Land. Nicht mein Land.
Aber MOSKAU!

Seit wir das einmal probiert haben, trinken wir in Moskau kein anderes Bier mehr: Baltika 9. Es hat 8 % Alkoholgehalt, ungefähr doppelt so viel wie deutsches Bier, es ist goldgelb, man ist im Nu hinüber, und die Typen in den Kneipen raunen uns zu, da wär der Wodka gleich mit drin. Und genauso schmeckt das, *nastrovje!*

Das Bier gibt es auch in der Lobby des luxuriösen alten Jugendstilprachtbaus Hotel Metropol, wo wir wohnen. Hier haben schon Shaw, Brecht und die Loren gewohnt, na und. Es hat all diese Kriege und Revolutionen überstanden, ich wüsste gern, wie hochlackiert es jetzt wohl aussieht, ich war vor mehr als zwanzig Jahren da – da war es schön verblichene Pracht, klar, Luxus, aber irgendwie blätterte alles ab, keins der Fenster ließ sich öffnen, muffig die Luft, die Sessel durchgesessen, und das Licht überall schlecht und schummrig. Aber zum Frühstück unter der Glaskuppel spielte eine Harfenistin, und Baltika Nr. 9 kam immer eisgekühlt, und wir lümmelten in tiefen Ledersesseln und sahen draußen einen Maybach halten. Aus der Karosse stiegen zwei Russen mit Goldkettchen und angeklatschten Haaren und drei kichernde Mädchen auf sehr hohen Absätzen, in sehr knappen Kleidchen, alle blond, keine wirklich blond, alle dünn und sehr weißhäutig und fiebrig und wacklig, und irgendwie hätte ich gern gesagt: Mädels, trinkt mit uns ein Bier, geht nicht mit denen da.

Hätte ich es doch gesagt! Nach einer Stunde kamen sie allein zurück, ohne die Kerle, aus welchem der 351 Zimmer auch immer, die Schuhe in der Hand, zerrupft, eine blutete, eine weinte, sie liefen rasch hinaus, am Maybach vorbei, in dem der Chauffeur wartete und Zeitung las, sie waren so dünn angezogen, und dann kamen die beiden Kerle, rauchend, grinsend, stiegen ein, fuhren ab.

An diesem Morgen hatte ich am Eingang zur U-Bahn eine alte Frau gesehen. Sie saß auf einem umgestülpten Eimer und hielt auf dem Schoß zwei ganz junge, kläglich fiepende Kätzchen, die sie zum Verkauf anbot.

Als die Mädchen und die Kerle weg waren, brachen wir auf, wir hatten Karten fürs Bolschoi-Theater, Mussorgskis *Boris Godunow*, aber es schneite nur auf der einen Hälfte der Bühne, die Maschinerie war kaputt, alles war irgendwie kaputt, darum wurde es auch ab 2005 sechs lange Jahre renoviert. Und an der U-Bahn saß in der Nacht immer noch die alte Frau, die kleinen Katzen hatten aufgegeben und schliefen in ihrem Schoß.

Ja, sagt Ljudmila Ulitzkaja, die Schriftstellerin, meine Freundin, in deren Küche ich am nächsten Tag wieder mal sitze und Tee trinke. Ja, das ist Russland. Beides. Die Maßlosigkeit in Reichtum und in Armut. Ljudmilas Wohnung ist eine Oase in dieser rastlosen Stadt: Bücher, Ruhe, Frieden, ein Baum vorm Fenster, an den Wänden Bilder ihres

Mannes, des Malers Andrej Krasulin. Inzwischen haben beide, fassungslos über Putins Krieg, Moskau verlassen, wie so viele, denen diese Aggression das Herz bricht und die Zensur in Russland die Luft zum Atmen nimmt.

Am Abend stehe ich auf dem Roten Platz, der viel größer wirkt, als er eigentlich ist, weil die Basiliuskathedrale am Ende etwas tiefer liegt. Der Platz ist leicht gewölbt, und so hat man das Gefühl eines Kirchturms noch weit am Horizont. Hier wollte Hitler die Parade seiner siegreichen Truppen abnehmen – es kam anders: Die Rote Armee hielt am 24. Juni 1945 *ihre* Siegesparade ab. Der unbekannte Soldat, der berühmte, der immer für alles herhalten muss, liegt im Alexandergarten, direkt an Kreml und Rotem Platz, ewiges Licht und Inschrift:

> *Dein Name ist unbekannt*
> *Deine Heldentat ist unsterblich.*

Mütter legen hier Blumen ab und weinen. Wie sie es auf der ganzen Welt an solchen Monumenten tun. Und niemanden interessiert es, und nichts ändert sich.

Der einbalsamierte Lenin schläft in einem Mausoleum direkt vor der Kremlmauer. Pilgerscharen machen sich täglich auf, den Mann im Glaskasten zu sehen. Das bringt Geld, denn der Unterhalt soll 1,5 Mil-

lionen Dollar im Jahr kosten. Man kann ihn ansehen, den großen Revolutionär, der dem armen Volk den Weg wies und selbst einen Rolls-Royce *Silver Ghost* fuhr, man sieht ihn, aber man darf keine Sekunde stehen bleiben – nur ansehen in seinem gläsernen Schneewittchensarg, nur im strammen Vorüberschreiten, angeblich, weil die Luft ihm schadet –, ich schätze, um nicht festzustellen, dass er aus Wachs ist, also schnell, schnell, *bystro, bystro!*

Aus diesem *bystro,* sagt man, wurde das Wort Bistro für die kleinen französischen Kneipen – die russischen Soldaten sollen das während der Besatzung von Paris 1814 bis 1818 eingeführt haben, um schneller bedient zu werden.

Ich zünde in der Kathedrale eine Kerze für 5 Rubel an und weiß nicht, für was oder wen. Für Lenin, für die arme Frau, die Kätzchen, die dünnen blonden Mädchen, für mich, für Mütterchen Russland.

Ich bin in dieses Moskau verliebt und weiß nicht warum. Es ist nicht schön. Es ist überwältigend. Die Menschen sehen aus wie ich, meine väterlichen Ur-Vorfahren kommen von hier, alle haben dünne aschblonde Haare, und ich kenne mich schlafwandlerisch aus, als wäre ich hier schon mal gewesen, ich finde alles. Natürlich muss doch das Puschkin-Denkmal an der Metrostation Puschkinskaja stehen, wo denn sonst – richtig, da steht er, Alexander Sergejewitsch Puschkin, der große Nationaldichter, und guckt sehnsüchtig rüber zum größten McDonald's von ganz Russland. Den hat er nicht erlebt, natürlich, er starb 1837 mit nur 38 Jahren in einem Duell, Hitzkopf, der er war. Ich finde auch das Haus, in dem Puschkin 1830 seine Natalja kennengelernt hat, jetzt ist dort eine Tanzschule. Auf dem Dach ein großes Reklameschild für Parkettboden, und das Schild steht auf Ballettbeinchen – genau solche Beinchen sah ich Jahre später in Wien als Tisch- und Stuhlbeine in einem Hotel nahe der Oper.

Ich finde das Literaturwissenschaftliche Institut, wo einst bestimmt worden war, dass der Schriftsteller Andrei Platonowitsch Platonow Straßenkehrer sein sollte, weil man seine Werke nicht mehr veröffentlichte. Er hatte sich kritisch über die Zwangskollektivierung geäußert, und Stalin schrieb an den Rand seiner Kritik: Abschaum, *swolatsch*. Die Karriere war beendet. Ich finde das Konservatorium, das all die großen russischen Musiker ausgebildet hat und vor dem Tschaikowsky in Bronze sitzt, jetzt gefeiert, 1893 durch verseuchtes Wasser an Cholera gestorben – Selbstmord? Mord? Wegen seiner angefeindeten Homosexualität? Jetzt sitzt er da ganz in Bronze und dirigiert mit der linken Hand.

Mit Ljudmila bin ich tagelang unterwegs, sie zeigt mir in der vornehmen *Malaja Nikitskaja Ulitsa* die Jugendstilvilla, in der Maxim Gorki starb. Man kann sein Bett sehen, seine Bücher, seine Brille, und vielleicht – ich war seit mehr als zwanzig Jahren nicht mehr in Moskau und fahre auch bestimmt nicht hin, solange es Putin noch gibt – sind diese letzten schönen alten Villen inzwischen auch abgerissen. Der Bauwahn mit Hochhaus und Tiefgarage fegt alles Alte weg, und wo es keine Genehmigungen gibt, brennt es dann eben plötzlich mal. Ljudmila zeigt mir noch das alte Moskau, und in einer verschlafenen, übervoll gestopften Buchhandlung am *Nikitsky Bulvar* kaufe ich alte Schriftstellerpostkarten – die pinne ich zuhause mit Reißzwecken da an die Regale, wo ihre Bücher stehen – Tolstoi, Dostojewskij, Gorki, Tschechow, Gontscharow, dann brauche ich keine Brille, um sie zu finden. Von jeder Reise nimmt man was mit fürs tägliche Leben!

Am Neujungfrauenkloster liegt Moskaus berühmtester Friedhof, *Nowodewitschi.* Hier werden nur wichtige Menschen beerdigt, zum Beispiel der Kunstmäzen Sergei Tretjakow, der zusammen mit seinem Bruder Pawel die berühmte Galerie gründete, dort hängen alte Ikonen und neue sowjetische Scheußlichkeiten. Aber hier liegen auch Schostakowitsch, Stanislawski, Majakowski und reichlich Opfer von Flugzeugabstürzen der verschiedenen Tupolews, und hier liegt Stalins zweite Frau, Nadeschda Sergejewna Allilujewa, die sich nach einem Streit mit ihrem Mann aufs Bett gelegt und in die Brust geschossen hat. Hier liegt Molotow, den Stalin abservieren wollte, aber da kam ihm der eigene Tod dazwischen, und Molotow wurde später Regierungschef und Außenminister, und Gogol liegt hier, Nikolai Gogol, der russische Kafka, der Dichter rätselhafter Geschichten wie *Die Nase*, der selbst eine lange, spitze Nase gehabt hat und seinen Zeitgenossen seltsam vorkam. Er notierte mit achtzehn Jahren im Tagebuch: »*Alle halten mich für ein Rätsel.*« Er starb mit nur 42 Jahren an den Folgen übermäßigen Fastens, man sagt, der Sarg sei später aus irgendwelchen Gründen noch mal geöffnet worden und man habe innen am Deckel blutige

Kratzspuren gefunden – hat man ihn etwa lebendig begraben? Ich klaue eine Rose von irgendeinem Grab und lege sie Tschechow hin, wie ich auch in Wien schon Rosen für Schubert und in Venedig für Ermanno Wolf-Ferrari geklaut habe. Ich denke immer, jemand klaut sie zurück und legt sie dann vielleicht zu Djagilew, dem großen Ballettkünstler, ein Rosenkreislauf der Liebe und Verehrung.

Moskau ist voller Geschichten, und ich glaube sie alle. Man hat mir erzählt, dass inzwischen auch Kalaschnikow, der Held der Arbeit und Konstrukteur des Sturmgewehrs *AK-17 Awtomat Kalaschnikowa*, mit 100 Millionen Stück wohl die meistproduzierte Waffe, auf *Nowodewitschi* liegt, unter einem weißen Marmorblock mit echtem Kalaschnikow-Durchschuss. Das sähe ihnen ähnlich.

Ich hatte irgendwo in einem brechend vollen Kellertheater eine Lesung vor Studenten, zusammen mit Ljudmila, und danach aßen wir in der Mensa der Lomonossow-Universität, in diesem riesigen Kasten mit Schachteltürmen und Endlosfluren und einer Mensa, größer als ganz Köln. Alles ist groß in Moskau, einfach alles. Es gibt acht Bahnhöfe, zwölf Millionen Menschen, vier Flughäfen, und bei *Scheremetjewo*, dem damals wohl grässlichsten Flughafen der Welt (heute dürfte das der neue in Berlin sein) ohne Sitzgelegenheiten, muss man sechs Stunden vor Abflug auflaufen und sich schikanieren lassen, noch schlimmer als die Viehpferche in New York. Wir sind aber vielleicht auch ganz einfach zu viele Menschen, die immerzu von irgendwo nach irgendwo wollen.

Präsident Bush ist in Moskau, und wir sehen die Schilder der Demonstranten: *Yankee go home*.

Ach, Moskau. 1238 niedergebrannt von den Mongolen, 1571 von den Tataren, 1812 zündeten die Moskauer ihre Stadt selbst an, damit Napoleons Armee hier nicht wohnen und essen konnte, nach der Oktoberrevolution wurden die schönsten Prachtbauten der Zaren zerstört und ersetzt durch kolossale Sowjetarchitektur.

Echte Pracht gibt es noch im Untergrund, die Moskauer Metro ist die schönste der Welt, Gold, Marmor, Statuen, bunte Fliesen, polierte Wände, Kronleuchter – es sind blitzsaubere »Paläste fürs Volk«, sehr tief unter der Stadt, 1935 erbaut und für das Volk der Werktätigen reichlich geschmückt mit Hämmerchen, Sichelchen, roten Sternchen und Leninporträts.

Diese Metro hat die längsten, gefährlichsten und schnellsten Rolltreppen der Welt, sie sausen mit 0,9 Metern pro Sekunde bis zu 130 Meter in Höhe oder Tiefe, immer bleibt man einen Moment stehen, wenn man endlich oben oder unten angekommen ist, und hilft rasch, wenn jemand Hilfe braucht bei diesem Tempo.

Und – wenigstens war das vor zwanzig Jahren so – alle Fahrgäste lesen. Sie lesen auf den Rolltreppen, auf den Marmorbänken der Bahnsteige, in den Zügen. Und sie lesen Bücher. Das ist mein Land.

Nein, das ist nicht mein Land, ich weiß ja.

Am vorletzten Tag bummele ich die interessanteste Straße entlang, die *Twerskaja*. Hier gibt es alles, Jugendstil und Sowjetprotz, elegante Mode und Billigware, Feinkostläden und Trödel. Ich kaufe mir einen akkordeonspielenden Rotarmisten, der jetzt auf meinem Klavier steht. Neben einem eleganten argentinischen Bandoneonspieler.

Was für gegensätzliche Welten.

Melancholisch in
SANKT PETERSBURG

Entweder München oder Berlin. Entweder New York oder San Francisco. Entweder Düsseldorf oder Köln.

Entweder Moskau oder Sankt Petersburg.

Fast alle: Petersburg. Ich: Moskau.

Petersburg ist ein Mythos, ein Museum, ist reich, ist protzig, ist riesig, ist abweisend: endlose Fassaden, Museen, Kirchen, Eremitage, kann man bitte irgendwo einfach mal sitzen? Die von Carlo Rossi gebaute Prachtstraße: 220 Meter lang, 20 Meter breit, alle Häuser sind exakt 22 Meter hoch und alle Fenster 2,20 Meter und alles ist symmetrisch angeordnet – der Fußgänger wird verrückt, wird müde, verzweifelt.

Ja, hier waren die Zaren, ja, alles ist vergoldet und großartig und prächtig. In Petersburg ganz klar die Kunst, in Moskau die Menschen. Der Historiker Nikolai Anziferow nennt die Stadt in seinem Buch *Die Seele Petersburgs* die »*Hauptstadt des tragischen Imperialismus*«. Es ist eine rasant gewachsene Stadt, Stadt der unermesslichen Bauwut, eine snobistische Stadt voll Kunst und Schönheit und dann in der Sowjetzeit – verlassen, gedemütigt, runtergewirtschaftet, Leningrad genannt, im Krieg belagert, ausgehungert, fast verschwunden. Der jetzt wieder-

erstandene Mythos unter dem alten Namen ist eine melancholische Rückschau, viel mehr nicht. Karl Schlögel nennt es im Vorwort zu Anziferow »eine schreckliche Pracht«.

Petersburg – das Venedig des Nordens, das nördliche Palmyra, ein zweites Amsterdam, auf Sümpfen gebaut. 1703 begründet, 1710 als Hauptstadt deklariert, solche Zeitspannen brauchen die Kölner, um überhaupt nur mal zu überlegen, ob man eine marode Oper renoviert, und wenn ja, dann dauert das an die zwanzig Jahre.

In Petersburg ging auf den Knochen der Arbeiter alles schnell. Und alles ist monströs, groß, riesig, gewaltig, wie Zar Peter selbst, der 2,15 Meter groß gewesen sein soll. Klein nur der Esstisch in seinem Sommerpalais, Platz für gerade mal sechzehn Personen. Waren alle Plätze am Tisch besetzt, soll Zar Peter gesagt haben: »Meine Herren, nehmen Sie bitte Platz, soweit der Tisch reicht. Die übrigen wollen bitte nach Hause gehen und mit ihren Ehefrauen speisen.« Petersburg ist ein Wunder, von den Zaren aus dem Nichts gestampft in den Sümpfen des Newa-Deltas, und damit es nicht wieder aussah wie alles sonst in Russland, holte der Bauherr Peter der Große seine Architekten aus Italien, jetzt sieht das Ganze ziemlich europäisch aus mit russischem Flair. Es ist keine gewachsene, sondern eine geplante Stadt, eine kalte Pracht.

Auch die große Peter-und-Paul-Kathedrale, keine Zwiebeltürme, keine Fresken, kein schummriges Licht durch schmale Fenster, keine Düsternis. Da beginnt schon das neue, moderne Russland: ein großer, lichtdurchfluteter Raum, pastellfarbener Stuckmarmor, wir sind eher

in Italien als in Russland. Alle Romanows liegen hier begraben, außer Peter II., und wir ahnen, dass es Lenins großer Fehler war, diesem Volk Religion und Kirchen zu verbieten. Draußen streicht eine fette rote Katze herum, jemand sagt mir, sie heißt Olga Romanowa. Lenin ist tot, das Land runtergewirtschaftet, Kirche und Religion sind immer noch da.

Und dann starb Peter, sein Sohn flog ins Gefängnis, kein würdiger Nachfolger, und Tochter Elisabeth, die erst nach vielen Intrigen an die Macht kam, schmiss das Geld nur so aus dem Fenster. Zwanzig Paläste ließ sie bauen, auch den repräsentativsten und größten des 18. Jahrhunderts, das Winterpalais mit mehr als 10 000 Quadratmetern Wohnfläche. Elisabeth starb, ehe der Palast bezugsfertig war.

In Petersburg ahnt und begegnet man auf Schritt und Tritt einer gewaltigen Bauwut. Ja, beeindruckend, aber der Mensch, der staunend davorsteht, wird nicht einbezogen. Man bleibt immer draußen. Man will wieder weg, wenn man genug gestaunt hat. Ganze Straßenzüge waren nur noch Palastfronten und sind es zum Teil bis heute. Damals schon wurde Anwohnern verboten, weiterhin die Wäsche draußen zu trocknen. Heute sieht man in diesen Gegenden überhaupt keine Anwohner mehr, man sieht nur Paläste. Diese Stadt ist ein Denkmal. 2400 Petersburger Gebäude gehören zum UNESCO-Weltkulturerbe, auch am Fluss kann man nicht sitzen, die Ufer sind mit Granit eingefasst, die Brücken mit schmiedeeisernen Geländern, weg mit euch, ihr Menschen: nur gucken, nicht leben. Hier auf der Newa hat Panzerkreuzer *Aurora* im Oktober 1917 den ersten Schuss zur Revolution abgefeuert. Jetzt liegt hier protzig die größte Yacht der Welt, die *Eclipse,* die 600-Millionen-Dollar-Yacht des Milliardärs Roman Abramowitsch, mit zwei Hubschrauberlandeplätzen, zwei U-Booten und einem Raketenabwehrsystem an Bord. Ja, so was braucht man wohl bei einem obszönen Vermögen von ein paar Hundert Milliarden, von dem ich nicht wissen möchte, wie es zustande gekommen ist.

Aber es ist auch seit jeher die Stadt der Zaren, der Beamten, des

Militärs. Man sagt, dass die Brücken über die Newa mehrmals einge-
stürzt wären unter Soldaten im Gleichschritt.

Kaum eine Stadt auf all meinen Reisen hat mich weniger beeindruckt und angerührt als Petersburg. Aber es gibt schöne Geschichten: Das große Kreuz auf dem höchsten der vielen Türme der Aufer-
stehungskirche soll nach einem Sturm schief gewesen sein. Dem
Dachdecker, der hinaufkletterte, um es wieder zu richten, soll der Zar
einen goldenen Becher geschenkt haben, aus dem er was auch immer
trinken durfte, ohne je bezahlen zu müssen. Tischlein deck dich, Becher füll dich. Aber Achtung: Der Dachdecker soll den Becher versetzt
haben und ließ sich die Zarenbotschaft in den Hals als Stempel bren-
nen – strich er von rechts nach links mit dem Zeigefinger über diesen
Stempel, bekam er umsonst zu trinken. Wenn Sie in einer richtigen
russischen Kaschemme sitzen, können Sie sehen: Noch heute weisen
alte Männer, die trinken wollen, dem Kellner stumm auf den Hals, von
rechts nach links.

In der Eremitage (das Wort bedeutet Rückzug, Einsamkeit, aber die
Eremitage ist von Touristen überlaufen ...) habe ich ein schlechtes
Konzert mit drittklassigen Sängern gehört, missmutig heruntergesun-
gen, dreimal Carmen, zweimal Verdi, einmal Puccini, einmal Rossini,
aber hier klang alles gleich, und das einzige Museum, das mich interessierte – das für Musikinstrumente im Scheremetjew Palast – war muffig, lieblos zusammengehauen, ungeordnet, mit schlampigen Aus-
künften. Eine Zeichnung von Rachmaninow, ein Heckelphon – das In-
strument, dessen Entwicklung Richard Wagner angeregt hatte, tiefer
als eine Oboe – und neben mir eine deutsche Reisegruppe, die fragt:
»Gibet ooch ne Schtradivari?« Man zeigt ihnen eine Stradivari, sie
fotografieren. Daneben, staubig, kostbare Amatos, Guarneris – sie erkennen es nicht. Es sieht ja auch niemand mehr irgendwohin, seit man
mit Handys fotografieren kann.

Der Newski-Prospekt, die Flanierstraße, tröstet auch nicht wirklich. Aber wenigstens kann man hier mal vor einem Café sitzen.

Puschkin, Dostojewskij, Gogol haben Petersburg beschrieben – aber, Achtung, Dostojewskij im *Tagebuch eines Schriftstellers*: »Ich liebe dich, du Schöpfung Peters ... Pardon, nein, ich liebe sie nicht. Fenster, Löcher und – Monumente.«

In seinen Romanen zeigt Dostojewskij Petersburg als Stadt der Armen und Vergessenen, der Verkommenen, Niederträchtigen, der Hassenden. Das, sagt er, macht diese Stadt mit Menschen: »Es ist eben eine Stadt von Halbverrückten. Es gibt wenige Orte, wo sich so viele trübe, starke, seltsame Momente, die auf die menschliche Seele wirken, vereinigt finden wie in Petersburg.«

Und doch hat er fast sein ganzes Leben in dieser Stadt verbracht, unterbrochen von Jahren im Straflager, beim Militär oder auf Reisen nach Europa. Seine letzte Wohnung in einem ärmlichen Viertel ist heute Museum, wie auch Puschkins elegante, prächtig möblierte Wohnung in der Nähe des Winterpalais. Hier ist alles gutbürgerlich, hell und sauber. Bei Dostojewskijs Wohnung denkt man an seine Beschreibung von Raskolnikows Behausung in *Schuld und Sühne*: »Je weiter sie kamen, um so dunkler wurde die Treppe.«

Hier könnte Dostojewskij gewohnt haben.

Ich habe diese Viertel in Petersburg gesucht, und ich habe sie gefunden. Man muss Richtung Hafen gehen, durch die glamourösen Touristenviertel hindurch. Dann kommen die dreckigen, müden alten Häuser mit Wohnungen, die noch aufgeteilt werden wie zu Sowjetzeiten, jeder ein Zimmer, Gemeinschaftsküche. Da wohnt die Mehrheit. Da und in unendlichen Plattenbauten wohnen die Nachkommen derer, die mit ihren Knochen die Paläste gebaut haben und die vielleicht einer der 50 000 Leibeigenen waren, die der Bojar Boris Scheremetjew besaß, in dessen Palast ich gerade das erbärmliche Museum besichtigt habe. Bei diesen 50 000 Leibeigenen wurden nur die Männer gezählt – die Frauen und Kinder liefen im Elend so mit. Petersburg ist die Geschichte von Pracht durch Ausbeutung. Das macht auch die Pracht unerträglich. Ich bin hier nicht glücklich. Ich betrinke mich.

Wodka gibt's ja überall reichlich.

Aber es gibt auch Komisches: Ich schließe mich am nächsten Tag einer Gruppe mit Führung an. Die Führerin heißt Swetlana und ist total verliebt in alles Blutrünstige. Alexander der Zweite, sagt sie mit dramatisch gerolltem R und weit aufgerissenen Augen, qualvollerrr Tod! Dose mit Dynamit auf Kopf, Attentat! Zar Nikolaus, mit ganze Familie in Keller in Jekaterrrinburg errrrschossen, Wände ganz voll Blut, Rrrevolution, sehr sehr qualvoll! Zar Peter, Blasenleiden, konnte nix machen Pipi, sehr sehr schlimm! Schmerrrzen! Alexej, Sohn von Zar: sollte hingerichtet werden, wurde aber gefolterrrt bis tot, oje, Qualen! Zar Peter III. man weiß nicht, vielleicht Pocken, vielleicht Morrrd, oje, so qualvoll!

Alle lachen schon. Zu viel Qual wird komisch. Und dann gibt's wirklich was zu lachen: Katharina die Große, sagt Swetlana, schon mit 67 Jahren gestorben, warum? Zu viele Liebhaber! Letzter erst 29 Jahre alt! Aufpassen! Nicht das machen!

Dieselbe Reisegruppe begegnet mir zwei Tage später in der Eremitage vor den 25 Rembrandts, die dort hängen. »What about the

price?«, fragt doch einer tatsächlich, und die Führerin sagt diploma-
tisch: »Well, there are different prices.«

Von Grigori Jefimowitsch Rasputin ist auch viel die Rede: Der seltsame dämonische Mönch und angebliche Wunderheiler, dem die Zarenfamilie so verfallen war, wurde hier in St. Petersburg im Palast des
Fürsten Jussupow im Dezember 1916 ermordet. Er hatte das geahnt
und schrieb einige Wochen vorher an den Zaren düstere Voraussagen:
»Brüder werden Brüder ermorden. Sie werden einander töten, und
sie werden einander hassen. 25 Jahre lang werden keine Adligen im
Land sein.

Zar von Russland, wenn Du die Glocke hörst, die Dir sagt, dass Grigori ermordet wurde, dann musst Du Folgendes wissen: Wenn es Deine Verwandten waren, die meinen Tod verursacht haben, dann wird
niemand aus Deiner Familie, kein Kind Deiner Verwandten, noch länger als zwei Jahre am Leben bleiben. Sie werden getötet durch das russische Volk.«

Jussupow gehörte zur Zarenfamilie – seine Frau war eine Nichte des
Zaren. Und es kam genau so. Niemand aus der Zarenfamilie blieb am
Leben. Und die Jussupows, sagt man, flohen nach den Morden an den
Romanows nach Frankreich, mit drei Rembrandts und einem Koffer
voller Juwelen.

Es ist Juni.

Die Zeit der Weißen Nächte in Petersburg, es wird nicht dunkel,
man verliebt sich leichtfertig. Die Sonne geht um 23.45 Uhr blutrot
unter, aber der Himmel bleibt hell, alle Sinne sind angespannt, um
3.20 Uhr ist die Sonne schon wieder da, und wir haben nicht geschlafen. Ich lese Dostojewskijs *Weiße Nächte. (Aus den Memoiren eines Träu-
mers)*, 1848 erschienen. Ein junger Mann und ein junges Mädchen verlieben sich für vier helle Nächte und erzählen sich ihr Leben und ihre
Träume. Das Buch beginnt so:

»Es war eine wunderbare Nacht, eine solche Nacht, wie sie vielleicht nur vorkommen kann, wenn wir jung sind, lieber Leser. Der

Himmel war so voller Sterne und Helligkeit, dass man sich bei seinem Anblicke unwillkürlich fragen musste: Können denn wirklich unter einem solchen Himmel allerlei ängstliche, launische Menschen leben?«

Ich bin kein junges Mädchen mehr, aber verlieben kann man sich auch dann noch, und die unerfüllten Lieben sind oft die schönsten, rückblickend.

Aus Petersburg nehme ich mit: die Erinnerung an einen Kuss.

Ohne Apfel nach
NEUSEELAND

Am Flughafen in Auckland, Neuseeland, nach mehr als zwanzig Stunden Reise von Frankfurt über Los Angeles und die Fidschi-Inseln soll ich 200 $ Strafe zahlen, weil ich einen Apfel im Rucksack habe – ein verbotenes landwirtschaftliches Einfuhrprodukt. Der Zöllner ist der einzige unfreundliche Mensch, den ich auf dieser ganzen langen Reise ans Ende der Welt treffen werde, ich komme mit Mühe raus aus der Nummer. Ich schlage vor, den Apfel an Ort und Stelle aufzuessen, er raunzt mich an: »Wir sind der Zoll und kein Restaurant«, und wirft den Apfel in eine Mülltonne für Toxisches.

Und ich muss noch mal eine Stunde weiterfliegen, nach Christchurch, auf die Südinsel. Im Windsor Hotel, einer Mischung aus Pension und Jugendherberge, hau ich mich erst mal ein paar Stunden ins Bett, ehe ich mir die putzige kleine Stadt ansehe. Heute denke ich voller Kummer daran, was das Erdbeben im Februar 2011 hier alles zerstört hat. Ich war fünfzehn Jahre vorher dort und traf auf dem Platz vor der Kathedrale den Wizard: Einen ehemaligen, alten, graubärtigen Soziologieprofessor, der auf einer Leiter sitzend im Phantasiekostüm mit hohem, spitzem Hut auf die Weiber schimpft: Sie putzen zu viel! Sie verseuchen die Umwelt mit ihrer Putzerei! Und sie shoppen zu viel! Wir Männer sollten ihnen unsere Körper verweigern, bis sie mit diesem Unsinn aufhören! *Let's punish them! Don't give them your body!*

Will denn irgendwer den Body vom Wizard? So eng darf man das aber wahrscheinlich nicht sehen, und es wird auch viel gelacht bei seinem engagierten Vortrag.

Christchurch ist Neuseelands drittgrößte Stadt, 310 000 Einwohner. Sie liegt in der Landschaft Canterbury, Australiens Kornkammer – Weizen, Obst von riesigen Plantagen und 1a Weißweine, das kommt alles von hier, und alles ist *very very british* ... Vor der Kathedrale, ein wenig abseits vom witzigen und wortgewaltigen Wizard, steht ein Herr in kurzen Hosen, Socken und dicken Wanderschuhen und liest, nur für sich, aber laut hörbar, die Bibel. Hier sind lauter Verrückte. Und Schafe, Schafe, Schafe. Es gibt 3,5 Millionen Menschen in Neuseeland, 50 Millionen Schafe und angeblich 80 Millionen Possums, die die Wälder abfressen. Es gibt ein T-Shirt zu kaufen mit drei Bildern drauf und Unterschriften: Kiwi: *stop.* Schaf: *Go slowly.* Possum*: Give speed!*

Meine nächste Stadt ist Oamaru, eine prächtige Einfahrtsstraße, breit, imposant, klassizistische Gebäude aus weißem Kalkstein rechts und links, Säulen, Kapitelle, und ein *opera house*! Es leuchtet in weißem Kalkstein und spielte leider nicht, während ich da war. Oper gibt es nur einmal im Jahr, ansonsten ist das *opera house*, 1906 erbaut, ein Kino.

Oamaru gehört zum Waitaki-Distrikt. Hier ist Janet Frame zur Schule gegangen, 1924 geboren als drittes von fünf Kindern eines Eisenbahnarbeiters, sensibel, rothaarig, hochbegabt. Sie wurde als Schriftstellerin berühmt durch ihren ergreifenden Roman *Ein Engel an meiner Tafel*, 1990 von Jane Campion verfilmt.

Frame galt 2003 mit diesem Roman sogar als Anwärterin auf den Literatur-Nobelpreis.

In der Stadt erinnert viel an sie, und ich denke an ihr Schicksal: Myrtle und Isabelle, zwei ihrer Schwestern, sind unter dramatischen Umständen ertrunken, ihr Bruder George war epileptisch mit entsetzlichen Anfällen, bei ihr selbst wurde irrtümlich Schizophrenie diagnostiziert, und sie wurde für ganze acht Jahre in eine Heilanstalt eingeliefert, mit Elektroschocks und beinahe sogar einer Lobotomie fast zu Tode gequält, gerettet im letzten Moment, weil eine ihrer Erzählungen einen Literaturpreis bekam. Die Dichtung als Lebensretterin, im doppelten, wahrhaftigen Sinn ...

Das Magische Neuseelands fängt an zu wirken. Ich drifte weg. Hier gibt es so viele alte Mythen, Sagen, Geschichten – zum Beispiel zu den *Moeraki Boulders*, riesigen, kugelrunden Steinen am Strand, sechs Millionen Jahre alt, südlich von Oamaru. Nicht das Meer hat sie so rund poliert, sondern Kalkspat bildete sich aus zur Kugel. In der Maori-Mythologie sind die Moeraki versteinerte Vorratskörbe, die aus den Kanus der Vorfahren über Bord gingen, als die im Land der langen weißen Wolke (so heißt Neuseeland in der Maori-Sprache, *aotearoa*) gelandet sind. Stundenlang sitze oder laufe ich am Strand entlang und denke mich Jahrhunderte zurück. Das ist einfach, denn hier gibt es NICHTS. Nichts von heute.

Auf der Straße bei der Weiterfahrt tiefer in den Süden viele dreistöckige Laster mit Anhängern, voller Schafe. Und Schafe, die auf den warmen Straßen liegen, man muss anhalten und sie vertreiben, um weiterfahren zu können, sofort kommt aber auch von irgendwo ein Hütehund und hilft dabei. Diese Hunde laufen kilometerweit zum Fressen zu ihren Höfen, abwechselnd, drei Hunde haben hier ohne Hirten riesige Herden im Griff. Neuseeland hat diesen Hunden am Lake Tekapo ein Denkmal gesetzt, vor einem kleinen Schäferkapellchen, *Church of the good sheperd,* und es hat die Inschrift: »This monument was errected by the runholders of the Mackenzie County and those who also appreciate the value of the Collie dog, without the help of which the grazing of this mountain country would be impossible. 7. März 1968«

In Dunedin, dem Edinburgh des Südens, sagt man: »Hier gibt es Robben zum Frühstück, Albatrosse zum Mittagessen, Pinguine zum Abendessen –«, denn all diese Tiere kann man hier beobachten. Dicke fette Seehunde liegen friedlich am Strand herum, in Taiaroa nisten Albatrosse auf einem hohen Hügel, abgeschirmt und geschützt, aber man kann zu einem Unterstand mit dickem Fensterglas gehen und

schaut dann direkt in die Nester: Die riesigen Vögel beschützen kleine weiße Puschel, füttern sie, ziehen sie groß. Sie brauchen diesen Hügel, denn nur hier ist der bestimmte Aufwind, der ihre drei Meter weiten Flügel hochträgt. Wenn die Kleinen doppelt so dick gefüttert sind wie ihre Eltern, fliegen die Eltern einfach weg. Die Kleinen bleiben allein, zehren vom eigenen Fett, wachsen, die Flügel bilden sich, irgendwann kriegen sie Hunger und müssen selbst losfliegen. Jeder Albatros hat hier nur einen Versuch – er kommt hoch oder nicht. Ist er hochgekommen, fliegt er drei bis vier Jahre unentwegt um die Welt, immer über dem Wasser, auf dem er sich ausruht, frisst, schläft – aber an Land geht er erst wieder zum Eierlegen und Brüten, und zwar auch genau hier. Was für unglaubliche Vögel! Sie werden bis zu vierzig Jahre alt, und in Dunedin läuten die Glocken, wenn der erste zur Brutzeit zurückkehrt.

Der Pazifik tobt wild, und ich stelle mir die kleinen Pinguine darin vor. Die Wiege der Pinguine, sagt man, stand nicht in der Antarktis, sondern hier in Neuseeland, und es gibt sie auch noch – an geschützten Stränden kann man sie auf Spaziergängen mit Naturführern sehen.

Um fünf Uhr morgens, es ist stockdunkel, marschieren wir mit Beth, einer resoluten Naturführerin, durch Dünen, über Felder und ei-

nen langen Strand entlang. Als es dämmert, kommen wir an einen Unterstand, in dem wir uns verstecken und warten. Und dann erscheinen sie, die *yellow eyed penguins*. In Maori-Sprache heißen sie *Hoihoi, noise maker,* Krachmacher.

Der Gelbaugenpinguin ist im Gegensatz zu allen anderen Pinguinen ein Einzelbrüter. Er ist der seltenste Pinguin der Welt, es gibt ihn nur noch hier in Neuseeland an der Ostküste – insgesamt keine sechstausend Tiere mehr. Sie erscheinen hoch oben an den Hängen, hoppeln herunter, durchs Grüne, durch die Dünen, über Felsen, auf denen Robben liegen, rudern mit den Armen? Flügeln? um das Gleichgewicht zu halten und dann wie kleine Menschenwesen aufrecht über den flachen Strand zu spazieren. Die Sonne geht auf, die Wellen kommen, plötzlich sind die Pinguine weg, vom Meer verschluckt. Die Kleinen bleiben allein, schauen den Eltern nach, die jetzt bis zum Sonnenuntergang beim Fischen sind, einige versuchen auch schon, herunterzuklettern. Ich bin tief gerührt.

Wir kommen gegen Abend noch mal zurück, sehen die kleinen Pinguine vor den Löchern sitzen und auf die Eltern warten und auf den Fisch. Ganz in der Nähe liegt ein mindestens vierhundert Kilo schwerer Seelöwe. Und plötzlich spuckt das Meer eine Handvoll kleiner Körper aus, die sich schütteln, aufrichten und eilig zu ihren Kindern marschieren – einen Meter vor unserer Nase. Und mir fällt auf, dass der putzige Pinguin ein Raubvogel ist, mit starkem Schnabel und scharfen Augen. Es ist komisch, ihn hier anzutreffen, wo es grün ist – ich hab ihn mir immer nur im Eis vorgestellt.

Und wir fahren noch weiter, sozusagen an den südlichsten Punkt, an dem noch Menschen wohnen: mit einem Katamaran nach Stewart Island, in die *Halfmoon Bay*. Um uns herum: Urwald und ein irrsinniges Licht; so wie es das Nordlicht gibt, gibt es auch das Licht des Südens, *aurora australis*, mit gigantischen Sonnenauf- und -untergängen. Tausendjährige Bäume, die nicht geschlagen werden dürfen, melancholische Stimmung, melancholisches Licht, eine nicht zu begreifende Schönheit der Welt, hier, an ihrem Ende – soweit eine Kugel ein Ende hat. Ich muss immer nur weinen, weil ich so viel Schönheit und Größe irgendwie nicht begreife, nicht aushalte. Mich verliere.

Mit einem Fischkutter fahren wir noch weiter Richtung Südpol, irgendwann reißt es mich, ich springe einfach über Bord und schwimme zum ersten Mal in meinem Leben und auch nur ganz kurz im eiskalten Pazifik, inmitten einer kleinen Schar Pinguine, und bin unendlich glücklich, das alles erleben zu dürfen. Entsetzt ziehen die Männer

mich zurück an Bord, es gibt Haie hier. Für ein paar wunderbare Minuten? Sekunden? war mir das alles, war mir mein ganzes Leben vollkommen egal.

Und es wird noch schöner: Ein paar Tage später fahren wir übers grüne Land zum *Doubtful Sound*. Er hat seinen Namen von Captain Cook, der 1770 von der *Tasmanischen See* kommend hineinsegelte und bald zweifelte, ob er hier jemals wieder rausfinden würde. (*Doubtful Sound!*) Er fand raus, aber es dauerte so lange, dass er im *Doubtful Sound* Bier für seine Männer braute, gegen Skorbut.

Wir fahren durch einen kleinen Ort, der wahrhaftig *Pearl Harbour* heißt, und steigen auf die *Commander Peak*, ein großes, ruhiges, komfortables Schiff mit drei Decks.

Es beginnt eine unglaubliche Reise, einen Tag lang, durch wilde, schöne Natur – klares, kaltes Wasser, hohe grüne Berge, das Grüne sind dichte Wälder, von Tieren bevölkert, hier war nun wirklich wohl noch nie ein Mensch. Delfine kommen ans Schiff geschwommen, springen in die Luft, silbrig, lachen, drehen Pirouetten, unterhalten sich und uns, schwimmen immer um uns herum und lange ein Stück mit.

Das Schiff hält in einer der vielen Buchten, alle Maschinen werden abgestellt, der Kapitän bittet uns, ganz ruhig zu sein und *the sound of silence* zu hören – er besteht im Singen, Schnattern, Kreischen, Jubilieren von Hunderten, Tausenden von Vögeln in diesen dichten, schönen Uferwäldern. Es ist das Paradies, dieser Augenblick ist wirklich ein Moment im Paradies, Sehnsucht schnürt mir fast das Herz ab, ich muss mich bemühen, nicht wieder in Tränen auszubrechen, wie so oft aus Überwältigung auf dieser Reise.

Gegen Ende des Fjords wird das Wasser immer wilder, wir kommen ins offene Meer, die *Tasmanische See* zwischen Australien und Neuseeland, und wir haben tüchtig Seegang. Auf dicken Felsen liegen Hunderte von Seehunden in der Sonne. Früher wurden sie zu Tausenden totgeschlagen, ihrer Pelze wegen. Seit 1946 ist das in Neuseeland nicht mehr erlaubt. Sie wissen das und bleiben furchtlos liegen, als wir näher kommen.

Ich habe gelernt, meine Koffer schnell zu packen, ohne zu weinen. Aber beim Abflug aus Neuseeland weine ich, ich weiß, dass ich so etwas Schönes nie mehr sehen werde, aber, schrieb der Reisende Cees

Nooteboom, so ein »*nie mehr*« hat auch seinen eigenen, bitteren Reiz … Dafür hat es sich gelohnt, insgesamt 40 000 Kilometer geflogen und mehr als 2000 Kilometer Auto gefahren zu sein, wir waren tagelang auf vielen Schiffen unterwegs, sind mit dem Rucksack gewandert, haben so viel erlebt – jetzt geht fast nichts mehr.

Aber auf dem Rückweg über Christchurch ist der Wizard wieder da, auf dem Platz an der Kathedrale, diesmal ganz in Weiß mit bunten Streifen, er schimpft, dass wir alle unsere Mitte und jedes Maß verloren haben – »The world will turn upside down! We must create a new center! We don't have any inner center!«. Er warnt vorm Big Bang der Zivilisation.

Beim Rückflug an einem glasklaren Tag hoch über den Rocky Mountains sehe ich die Erdkrümmung.

Ihr glücklichen Augen.

Träume in MARRAKESCH

Ich schlendere durch die schier endlosen, wunderbaren *Suqs* hinter der *Djemaa el Fna,* dem großen Markt mitten in Marrakesch. *Djemaa el-Fna* heißt *Versammlung der Toten,* es war früher der Richtplatz, hier arbeiteten die Henker. Heute gibt es Marktstände, Artisten, Schlangenbeschwörer, und dann taucht man ein in das überdachte Gewühl der Händler und Stände und Köstlichkeiten, und ich bleibe stehen und zeige auf die herrlichen Datteln, und der marokkanische Händler sagt: »Wie viele sollen es denn sein, Frau Heidenreich?«

Er war Kellner in Mainz und kennt mich aus Radio und Fernsehen. Und packt mir Datteln und Feigen ein und nimmt kein Geld und sagt, er habe immer so über Else Stratmann gelacht, zwar nicht viel verstanden, aber dass jemand so schnell sprechen könne ...

Ich bin erfreut, irritiert, beschämt, peinlich berührt, alles zugleich. Er ist so herzlich, so großzügig, aber ausgerechnet in Marrakesch einen Ruhm als Else Stratmann zu haben – das ist das Letzte, was ich mir von dieser Reise erwartet hatte. Was hatte ich erwartet? Orientalischen Trubel und orientalische Gelassenheit. Ich wollte und brauchte beides. Ich fand beides.

Der Trubel war reichlich in der Innenstadt. Ich reiste zusammen mit meiner Freundin Gisela, und um besser und ohne Taxi voranzukommen, haben wir uns ein *Touktouk* gemietet, eine Art dreirädrige, motorisierte Rikscha mit Fahrer.

Er fuhr halsbrecherisch, hupend, schreiend, kreuz und quer durch diese Stadt, vom lauten *Suq* zum leisen *Jardin Majorelle*, einem etwa 4000 Quadratmeter großen, wunderschönen botanischen Garten, in dem auch das Haus steht, das Yves Saint-Laurent sich hier gebaut hat. Im Garten liegt er zusammen mit seinem Lebensgefährten Pierre Bergé begraben, aber nicht unter dem Gedenkstein – der ist nur für die Touristen da. Das Grab liegt abseits.

Den Garten hat der französische Maler Jacques Majorelle 1923 angelegt. Er liebte leuchtendes Blau, man nennt es heute nach ihm: *majorelle-bleu,* und man findet dieses strahlende Blau überall im Park, auch an seinem Haus, das man besichtigen kann. Auch Yves Saint-Laurent hat sich hier ein üppiges Haus gebaut, nachdem er und Pierre Bergé 1980 den ganzen Park einfach gekauft haben. Saint-Laurent holte sich hier Inspiration für seine Entwürfe, der Park blieb aber frei zugänglich und wurde auch wieder neu hergerichtet, vieles war inzwischen ver-

wildert. Heute kümmern sich fest angestellte Gärtner, man kann gegen Eintritt die Pracht der Bougainvilleen bestaunen und ein Saint-Laurent-Museum mit wundervollen Kleidern besuchen.

Es ist ein Ort verwunschener Schönheit und üppiger, tropischer Pracht.

Aber nicht alle schienen Yves Saint-Laurent verehrt zu haben, an einem Stand draußen gibt es T-Shirts zu kaufen mit dem Aufdruck »Yves Saint-who?«.

Und wenn man ein wenig aus der Stadt hinausfährt, in Richtung des Atlasgebirges, das mit der weißen Schneekuppe des 4167 Meter hohen *Jebel Toubkal* in der afrikanischen Sonne leuchtet, dann kommt man zu einem anderen, 2016 eröffneten riesigen Park, *Anima* von André Heller. Wie er das hingekriegt hat, weiß ich nicht.

Heller und ich sind Freunde seit mehr als fünfzig Jahren. Immer wieder habe ich seine unbändige Phantasie, seine Schaffenskraft be-

wundert, was hat er nicht alles gezaubert: Gärten, Feuerwerke, einen besonderen Zirkus, Kristallwelten, Bücher, Lieder, und nun: *Anima*, seinen Lebenstraum, er lebt auch dort, und ich durfte ihn besuchen und über all das mit ihm reden.

Es ist schier nicht zu begreifen, was er dort geschafft und geschaffen hat. Wo 2010 noch eine riesige rotbraune, dürre Wüste war, wurde 2016 ein blühendes Paradies eröffnet. André ist diese begnadete Mischung aus hochbegabtem Träumer und tatkräftigem Macher. In dieses Projekt hat er alles gesteckt: seinen Verstand, sein Herz, seine Tatkraft und sein Geld. Und es ist so beglückend, wenn das Geld auch mal auf der richtigen Seite ist, auf der Seite der Schönheit. Es ist ein Sehnsuchtsort geworden, wunderschön, ein Ort, der heilt und glücklich macht. Um so etwas zu schaffen, muss man vielleicht diese verschwenderische Phantasie haben und an Träume glauben können. André zitiert den englischen Lyriker Samuel Taylor Coleridge (1772–1834):

> *Was, wenn du schliefest?*
> *Und was,*
> *wenn du, in deinem Schlafe,*
> *träumtest?*
> *Und was,*
> *Wenn du in deinem Traume*
> *Zum Himmel stiegest*
> *Und dort eine wunderschöne Blume pflücktest?*
> *Und was,*
> *wenn du, nachdem du erwachtest,*
> *die Blume in deiner Hand hieltest?*
> *Ah, was dann?*

2010

Ah, was dann? Dann das hier! 2016

Er hat es geplant, bezahlt, von Gärtnern machen lassen. Er beschäftigt ganze Dorfgemeinschaften, und dass alles ökologisch und nachhaltig bewirtschaftet wird, versteht sich von selbst. Marokko ist vom Klimawandel und von jahrhundertelangem Raubbau extrem gefährdet. Wüsten breiten sich aus, und Heller setzt ihnen mit *Anima* das Mikroklima einer Grünoase entgegen. Er sagt:

»Wo immer man einen Garten macht, hat man schon recht. Er erzeugt Sauerstoff, beherbergt Bienen und Vögel, die wiederum die Samen verteilen. Er ist ein Ort der Kühle, was in einer Region, in der es im Sommer bis zu fünfzig Grad haben kann, auch wieder Gold ist: für Menschen ebenso wie für die Pflanzen und die Tiere, die sich hier ansiedeln.«

Wenn es ein Paradies auf Erden gibt, dann ist das hier. Aus ganz Afrika hat er die Bäume, die Palmen, die Kakteen, die Pflanzen geholt, die irgendwo an aufgegebenen Oasen verdorrten, die Neubauten weichen mussten, er hat sie auf Tiefladern quer durch Afrika transportiert und hier einpflanzen lassen, darum sieht alles schon so alt, so gewach-

Die Schönheit dieses Ortes am Fuß des Atlasgebirges ist nicht zu beschreiben.

sen aus. Eine Palme, erzählt er, war 35 Meter hoch und ging in einem Dorf einfach nicht um die Kurve. André schaffte es natürlich, dass der Bürgermeister für kurze Zeit die Hochleitungsdrähte abmontieren ließ, so konnte die Palme senkrecht transportiert werden, es ist eben ALLES möglich. Wenn man es wirklich will und mit liebevollem Einsatz beharrlich verfolgt.

Das erste Lied auf seiner letzten CD, *Spätes Leuchten*, heißt »Alles in allem«, und der siebzigjährige Heller spricht hier eher, als dass er singt: *»Alles in allem vom Glück verfolgt.«*

Er gibt uns allen dieses Glück leuchtend weiter. Jeder der vielen Besucher, die beseligt durch diesen Garten spazieren, leuchtet auch.

Im Café, nach dem Schriftsteller Paul Bowles benannt, der in Marokko lebte und starb, stehen die Namen von Dichtern auf den Wänden – Rimbaud, Dylan Thomas, Fernando Pessoa. Für jeden hängt ein Sonnenhut da, denn wenn sie sich im Jenseits treffen – und das werden sie, sagt Heller! –, dann können sie sagen: Ach, du hast auch einen Sonnenhut aus Marrakesch …

Ein Denkmal für den Esel, das in Afrika so wichtige, nützliche und geschundene Tier. Hier im Glitzerfrack!

Alle fünf Minuten speit er einen zarten Wassersprühnebel, eine solche Freude für die Kinder.

Alles hängt mit allem zusammen. Auch in meinem Leben. Ich finde alles mir Kostbare hier wieder, am meisten: in unserer Freundschaft. So viel Wärme. Wie dankbar ich bin!

Ich sitze als glückliches altes Kind in diesem Garten, und wenn es mit mir gerade jetzt zu Ende ginge – es wäre der vollkommene Augenblick.

Aber der Augenblick verstreicht leise, und ich gehe zurück ins Haus, wir hören Musik, trinken Wein und sind voller Dankbarkeit. Für alles.

Das war FLORENZ

Mein Gott ja, Florenz!! Michelangelo! Leonardo! Giotto! Die Uffizien! Palazzo Pitti! Ponte Vecchio! Santa Maria del fiore!

Da saßen wir in unserm alten Auto, hinten der Hund, ein Münsterländer, ich hatte die nackten Füße auf dem Armaturenbrett, er rauchte *Nazionali* ohne Filter, fuhr und im Radio donnerte Adriano Celentano. Alles war gut.

In die Museen und Kirchen gingen wir immer getrennt, das heißt, im Grunde ging nur ich, denn einer musste ja immer beim Hund bleiben, den man in der Hitze natürlich nicht im Auto lassen konnte. Er blieb beim Hund, beim Hund und beim ersten, zweiten, dritten Gläschen Weißwein und noch einer *Nazionali* und schon mal einem Teller Spaghetti, und ich klapperte die Kunst ab, kam zurück, sagte: »So, jetzt du!«, und er sagte: »Ach, lass mal.«

Aber zu Beginn taten wir immer so als ob, und dann hieß es: Erst mal braucht aber der Hund seinen Gang.

Diesen Gang machten wir meist weit draußen vor den Städten, durch Wiesen und Felder. Der Hund sah danach immer aus wie eine Wildsau.

Dieses Mal, vor Florenz, kam der Hund zum Auto zurück, fiepte, hielt den Kopf schief und versuchte dauernd, mit den Pfoten ans Ohr zu kommen.

Was hat der?

Was im Ohr.

Guck du mal, ich halt ihn.

Man sah nichts, aber das Fiepen wurde schlimmer, der Kopf hing schief, da war was, eindeutig. Tierarzt.

In Florenz fragten wir die erste Person mit Hund, die wir sahen, nach einem Tierarzt und bekamen die Adresse einer Tierklinik in der Innenstadt. Natürlich war alles geschlossen, Mittagspause, erst um 17 Uhr wieder offen, bei der Hitze.

Also mit dem winselnden Hund runter ans Ufer des Arno, Kühlung, Trost, Wasser. Und so elend war er dann wohl nicht, dass er sich nicht auf einem toten, stinkenden Fisch wälzen konnte.

Der Gestank war unbeschreiblich. Aber der Arno bietet keinen direkten Zugang zum Fluss, alles ist eingefasst.

Ich kaufte drei 1,5-Liter-Flaschen Wasser, wir überschütteten den Hund, rieben mit einem Tuch, es stank, ich kotzte, er fluchte, der Hund winselte, hielt den Kopf schief und roch nach totem Fisch.

Und es wurde und wurde nicht 17 Uhr. Wir saßen auf einer Bank, hatten ihn etwas weiter weg im Schatten angebunden, Florenz konnte uns den Buckel runterrutschen.

Und endlich machte die Tierklinik auf.

Wir warteten lange. Der Hund fiepte, neigte den Kopf, kratzte am Ohr und stank bestialisch.

Als wir endlich drankamen, saß im Sprechzimmer ein uraltes, zitterndes Männlein, il Dottore Roncati. Wir entschuldigten den Gestank, erklärten das Fiepen, zeigten aufs Ohr, verstand er uns? Er sagte kein Wort. Er schaute ins Ohr, seine Hände zitterten, wir dachten, das alles ist ein Albtraum, und dann nahm er eine Pinzette, seine Mitarbeiterin hielt den jaulenden, stinkenden Hund, die zitternde Hand mit Pinzette näherte sich dem Ohr, wurde plötzlich ganz ruhig – und zack, mit sicherem Griff zog das Männlein eine lange Granne, so ein borstiges Pflanzenteil, heraus, das tief im Hundeohr gesteckt hatte, Mitbringsel aus den Wiesen.

»Ecco«, sagte Dottore Roncati zufrieden, das erste Wort, das er sprach, auch das einzige. Er gab uns die Granne, streichelte dem Hund einmal über den Kopf, wir waren entlassen, zahlten im Vorzimmer, gingen.

Das war Florenz.

Verliebt nach SWANSEA

S eit wir in der Schule *Under Milk Wood* gelesen hatten, das phantas-
tische Stück des Walisers Dylan Thomas über eine verschlafene
Kleinstadt und ihre Bewohner, seitdem ließ mich Dylan Thomas nie
mehr los. Ich kaufte alles, was ich von ihm und über ihn auftreiben
konnte, Bücher, CDs mit seiner tiefen Stimme, seine Gedichte, ich las
und verliebte mich und wurde süchtig nach diesem Dylan-Sound. Damit bin ich ja, wie ich heute weiß, nicht allein, aber damals, 1960, mit
siebzehn, wusste ich das nicht. Ich hatte ihn ganz für mich allein entdeckt. Ich wusste nicht, dass es einen Sänger namens Robert Allen
Zimmerman geben würde, der auch die Verse des jungen Dylan Thomas las, auch so schreiben wollte wie er und sich aus Ehrfurcht vor seinem Idol fortan: Bob Dylan nannte. Einmal hat Bob Dylan unter Pseu-

donym eine Platte aufgenommen,
das Pseudonym war Robert Milkwood Thomas. *Under Milk Wood,*
Unter dem Milchwald – so heißt
es ja, das berühmteste Werk von
Dylan Thomas, ein Hörspiel, *Ein
Spiel für Stimmen,* mit dem für
mich alles anfing. Und er hat so
viele beeinflusst –

Milkwood, so heißt auch die
Film-Produktionsfirma der schö-
nen Waliserin Catherine Zeta-
Jones, und der Sohn, den sie mit
Michael Douglas hat, heißt Dy-
lan. Der Ire Van Morrison sang

»A Song for Mr. Thomas«, und der Waliser John Cale hat Dylan Thomas' Texte vertont. Cale, einer der einflussreichsten Rock-Avantgarde-Musiker bei der legendären New Yorker Band Velvet Underground, erzählt, dass man als Schüler in Wales an Dylan Thomas nicht vorbeikam, er war Teil des Lehrplans, »man konnte in Wales nicht aufwachsen, ohne seine Texte zu lieben, auch wenn man sie nicht verstand«. Er hat Dylan Thomas 1989 ein ganzes Album gewidmet, *The Falklands Suite*. Richard Burton und Elizabeth Taylor wirkten 1972 bei der Verfilmung von *Under Milk Wood* mit, und Burtons Wunsch war, man möge bei seiner Beerdigung (sie fand 1984 statt) eines der schönsten und anrührendsten Dylan-Thomas-Gedichte lesen:

>*»Do not go gentle into that good night.« –*
>*»Geh nicht gelassen in die gute Nacht.«*

Auf der Beerdigung meiner Mutter lasen wir dieses Gedicht auch.

Anthony Hopkins, Waliser wie Burton, hat Dylan Thomas' Texte gesprochen, und Mick Jagger, der seine Verse liebt, will schon lange einen Film über Dylan Thomas drehen. Paul McCartney hat gesagt:

»We all used to like Dylan Thomas. I read him a lot. I think that John started writing because of him.«

Also auch die Stones und die Beatles wurden von ihm beeinflusst, von der Kraft seiner poetischen Bilder, von der kompromisslosen Wucht seiner Dichtung. Auf dem Cover der wohl berühmtesten LP der Beatles, *Sgt. Pepper's Lonely Hearts Club Band,* ist neben vielen anderen – Marx, Stockhausen, Gandhi, Marlon Brando und Schneewittchen – auch Dylan Thomas zu sehen:

1954 hat Igor Strawinsky, der wohl bedeutendste Komponist des 20. Jahrhunderts, ein Stück über Dylan Thomas' Tod geschrieben, *In memoriam Dylan Thomas*, es gibt eine Aufnahme davon, die Pierre Boulez dirigiert. Und im Spielfilm *Solaris* rezitiert George Clooney als Hauptfigur Chris Kelvin die erste Strophe des Dylan-Thomas-Gedichts »And death shall have no dominion«, eine fulminante Predigt des erst Neunzehnjährigen gegen den Tod, dem kein Reich mehr bleiben soll.

Also: Wir sind viele, die bis ins Mark getroffen wurden von den Sprachkaskaden dieses Genies. Und damals wusste ich: Irgendwann muss ich nach Wales reisen, in sein Swansea, ich muss diese Luft atmen, diese Gegend begreifen, um zu verstehen, was da so Großes entstehen konnte.

Also bin ich Jahrzehnte später, mit über sechzig, nach Cardiff in Wales geflogen, hab mir ein Auto gemietet und bin mit dem klopfenden Herzen einer Verliebten an der Küste entlanggefahren, Richtung Swansea.

Man darf sich nicht täuschen lassen: Das hier ist bei aller oberflächlichen Lieblichkeit nicht Rosamunde-Pilcher-Land, wenn auch

Laura Ashley von hier stammt, die so romantische Rosenmode für Frau und Heim geschaffen hat. Das ist zerklüftete Kohlengegend, ja, auch grün, aber viel erinnert an das Ruhrgebiet der fünfziger Jahre, und es riecht nach Kohleöfen, wie damals in Essen, wo ich aufgewachsen bin. Hier stehen Fördertürme, Kraftwerke, Raffinerien, vieles im Verfall begriffen. Hier ist eine Kneipe dicht an der anderen, und Schilder sagen, was man tun soll: »Drink till late«, ja, was auch sonst. Auf den Spuren von Dylan Thomas sein heißt eine lange Kneipentour machen.

Von Swansea, wo er geboren wurde und aufwuchs, bis nach Laugharne in Carmathenshire, wo er viele Jahre lebte und begraben liegt, sind es rund sechzig Kilometer, auf denen man immer wieder Dylan Thomas begegnet – entweder in Pubs, wo Fotos von ihm an den Wänden hängen, oder in der Landschaft, die er so oft und eindringlich beschrieben hat.

Swansea ist die Heimatstadt, die Geburtsstadt des Dichters, ans Meer geschmiegt, ein sehr weiter, aber kein schöner Strand. Hier sieht es aus wie damals in Gelsenkirchen: Müll, Bergarbeitersiedlungen, viele

arme, kleine Häuser, ein paar schöne, alte, in denen heute unten Billig-
läden werben und oben das Dach fault – Wales ist arm. Was kaputt ist,
wird nicht abgerissen, es steht in der ruppigen Seeluft und verfällt
gründlich, verrottet, das gibt den meisten Gegenden etwas Tristes,
Vergehendes. Etwas war mal, man ahnt es, aber es ist nicht mehr. *Lost
splendour.* Es ist oft sehr schön hier, aber es ist nie lieblich oder roman-
tisch.

Das Elternhaus des Dichters ist am Cwmdonkin Drive Nummer 5
in Swansea, eine Straße mit kleinen Bürgerhäuschen, die steil bergauf
führt, *Uplands* heißt die Gegend.

Dieses Elternhaus sieht bis auf eine kleine blaue Gedenkplakette an
der Wand noch genauso aus wie damals: schmal, ein Vorgarten, Stief-
mütterchen, zwei kleine Erker. Alles wird liebevoll erhalten, die Bücher
des Vaters, der Plattenspieler, die Schreibmaschine, man geht über aus-
getretene Treppen zum Kinderzimmer im ersten Stock mit seinem
Blick über den Hinterhof und die Dächer zum Wasser, man riecht das
Meer und die Kohlen. Hier verbrachte Dylan Thomas seine ersten
zwanzig Jahre, in dieser Zeit entstanden zwei Drittel seiner Texte.

Als Kind spielte er im Cwmdonkin Park, nahe beim Elternhaus gelegen, ein schöner alter Park, der seine Phantasie so sehr beflügelt hat –

»… und der Park selbst war eine Welt in der Welt der Seestadt, ganz nahe bei dem Haus, wo ich wohnte; so nahe, dass ich an Sommerabenden im Bett die Stimmen anderer Kinder hören konnte, die auf der abfallenden, papierabfallbedeckten Böschung Ball spielten. Der Park war voll von Schrecken und voll von Schätzen. Das Gesicht eines alten Mannes, der im Sommer und im Winter auf der gleichen Bank saß und auf das schwänebedeckte Wasserreservoir hinausstarrte, kann ich deutlicher vor mir sehen als die Stadtstraßengesichter, die ich erst vor einer Stunde gesehen habe. Und Jahre nachher habe ich ein Gedicht geschrieben, über diesen und für diesen für mich unvergesslichen Mann, das ich nannte: ›Der Bucklige im Park.‹«

Die Bilder aus der Kindheit waren der Schatz, aus dem er sein Leben lang schöpfen konnte.

»Die Erinnerungen an die Kindheit haben keine Ordnung. Von all diesen in allen Farben schillernden, bewegten, duftenden Untiefen, die im Augenblick der Erinnerung unter die Oberfläche verschwinden, schießen ein oder zwei wahllos heraus aus ihren quirlenden Wassern in die Luft der Gegenwart, unsterbliche fliegende Fische.«

Ob alles wirklich so gewesen war, wie er es beschrieb, spielte dabei, das gab er auch gern zu, keine große Rolle:

»… dass ich jetzt nie mehr sagen kann, ob es sechs Tage und sechs Nächte lang geschneit hat, als ich zwölf war, oder ob es zwölf Tage und zwölf Nächte lang geschneit hat, als ich sechs war.«

Und es spielt auch gar keine Rolle. Literatur muss nicht wahr, sie muss wahrhaftig sein. Die Texte von Dylan Thomas treffen, erschüttern, bleiben.

Dylan Thomas hat Swansea geliebt und immer wieder beschrieben, zum Beispiel so, 1943:

»Ich bin in einer großen, walisischen Industriestadt geboren, am Anfang des großen Krieges: eine hässliche, liebenswerte Stadt (oder wenigstens schien oder scheint sie mir noch immer so), die sich dehnte und weitete, in Slums, ungeplant, von Polierhäusern übersät und gemütlich vorbestadtet, an einer langen, großartig geschwungenen Küste, wo schuleschwänzende Jungen und Sandfelderjungen und alte namenlose Männer in den Fetzen und Katzenjammern von Hunderten Mildtätigkeitsanzügen nach Strandgut suchten, faulenzten und paddelten, den Booten zusahen, die hafenwärts fuhren, für die bellenden herrenlosen Hunde Steine in die See warfen und an Sommersamstagnachmittagen der kriegerischen Musik von himmlischer Erlösung und höllischem Feuer lauschten, die von einer Seifenkiste herab gepredigt wurden.

Diese Seestadt war meine Welt. Außerhalb ging ein fremdes Wales, kohlenzergraben, gebirgig, flussdurchlaufen und meines Wissens voll von Chören und Schafen und hohen Geschichtenbuchhüten seinen Geschäften nach, die mich nichts angingen. Hinter diesem unbekannten Wales lag England, das London war, und außerdem ein Land, das hieß ›die Front‹, aus dem viele unserer Nachbarn nicht mehr zurück-

kamen. Am Anfang war die einzige ›Front‹, die ich kannte, die Front unseres Hauses, zu der man hinaufsehen konnte, wenn man durch den kleinen Gang zur Haustür hinaustrat.«

Alles, was Dylan Thomas schrieb, ruht auf dem Fundament seiner walisischen Herkunft. Swansea hat ihn für immer geprägt, diese zweitgrößte Stadt in Wales, der man die im 19. Jahrhundert aufblühende Industrie mit allen Schrecken und Nutzen noch so ansieht wie bis heute dem Ruhrgebiet, dieses Swansea ist eine arme Stadt in rauer Landschaft. Im Zweiten Weltkrieg wurde sie von den Deutschen fast zerstört, und sie hat sich nie davon erholt, Risse, Ruinen, Einschüsse in den Wänden, bis heute ist das alles zu sehen, und ein Aufschwung kam nie wieder, nur noch langsamer Niedergang.

Dylan Thomas wuchs vor dem Zweiten Weltkrieg hier auf, sah damals schon andere Risse hinter den noch intakten Fassaden: Risse im Familienleben, in den Sehnsüchten und Träumen der Menschen, und er schrieb darüber.

In Swansea ist eine rührende Gedenkstätte mit Fotos, Requisiten wie seine alte Remington-Schreibmaschine, Erstausgaben seiner Werke, Briefen, seinen Kinderbüchern, darunter *Der Struwwelpeter*. Das *Dylan Thomas Centre* wurde 1995 vom amerikanischen Präsidenten Jimmy Carter eingeweiht, der sogar ein Gedicht über Dylan Thomas veröffentlicht hat. Es bezieht sich auf einen Gedenkstein zu Ehren von Dylan Thomas, den man 1982 in der Dichterecke in Westminster Abbey angebracht hat – auch auf Anregung von Jimmy Carter. Das Geld dazu war durch eine Benefizveranstaltung zusammengekommen, die Richard Burton noch moderiert hat. (Im *Dylan Thomas Centre* in Swansea gibt es übrigens eine Magnetwand mit Wörtern aus seinen Gedichten, man kann damit selbst neue Gedichte zusammensetzen und sieht sofort, wie schwer das ist! Und ist es nicht amüsant, dass in den 1990er Jahren von der Firma Apple eine Computersprache namens DYLAN initiiert und spezifiziert wurde, die nicht und irgendwie doch auf Dylan Thomas zu verweisen scheint, aber eigentlich eine Zusammensetzung aus Dynamic Language ist?)

Und, ja, da ist sogar ein Denkmal im gerade etwas schöner ausgebauten Hafen von Swansea, das ihm so gar nicht ähnlich sieht.

Es gibt Kneipen, in denen er getrunken, Häuser, in denen er gewohnt hat. Aber das alles ist nicht zu vergleichen mit der sonst bei Prominenten üblichen Andenkenindustrie: Goethe in Weimar auf Kaffeetassen, Schiller in Jena auf T-Shirts, Mozart in Salzburg auf Schokoladenkugeln, Verdi an jedem Postkartenstand in ganz Italien. Nach Dylan Thomas heißt höchstens einmal ein Buchladen, er sperrt sich gegen Vermarktung und allzu leichte Vereinnahmung, und sein Werk tut das auch. Man muss geduldig sein.

Und doch, wenn man nicht nach Äußerlichkeiten sucht, findet man ihn in Wales überall – in der grauen Tristesse der Arbeiterstädte, in der Melancholie der unwirtlichen Strände, im Kreischen der Möwen und natürlich in den zahllosen trüben Pubs, wo die Männer versunken in ihre Biergläser starren wie damals auch er, der schwere Trinker.

Innerlich hat sich Dylan Thomas nie von seiner Kindheit in dieser Umgebung gelöst, die Kindheit war für ihn »jener Garten Eden, in dem Mensch und Natur in Liebe vereint sind«.

»The ball I threw while playing in the park / has not yet reached the ground«, »der Ball, den ich im Park beim Spielen warf, er fiel noch nicht zu Boden«, schrieb er wehmütig mit 21 Jahren in seinem Gedicht »Should lanterns shine«, »Im Laternenschein«, und in einem seiner schönsten Verse, »Fern Hill«, variiert er zehn Jahre später in langen Strophen die Zeit, »Als ich jung war und leicht unter den Apfelzweigen«, »Now as I was young and easy under the apple boughs ...«.

Der Bauernhof Fern Hill in Llangain/Carmarthenshire gehörte Onkel Jack und Tante Annie, Dylan verbrachte dort oft seine Schulferien, war glücklich und beschrieb alles, was er sah – das Grün, die Tiere, die Zeit der Ernte, die Maßliebchen und die Gerste, das Licht, die Sterne, die Treppen:

»... jede Stufe hatte eine andere Stimme. Das Haus roch nach vergammeltem Holz und Feuchte und Tieren. Ich dachte, dass ich mein ganzes Leben lang durch lange feuchte Durchgänge geschritten und im Dunkel Treppen gestiegen war, allein ...«

Und immer wieder: Das Meer, das Meer strömt geradezu durch all seine Texte, ein weicher, ewiger, dunkler Rhythmus. Der Name Dylan bedeutet im Walisischen: Meer. Ein Zufall?

Wer war dieser Mann, der einen so großen Einfluss auf so viele Künstler ausübte, der bis heute weltweit verehrt und in seinem Heimatort von denen, die sich an ihn erinnern, immer noch oft als »just a village drunk«, nur ein Dorfsäufer, abgetan wird? Der Mann, der von sich selbst wusste, er würde weltberühmt werden: »They have rejected me now, but in years to come, the name Dylan Thomas will echo from shore to shore«, und er fügte hinzu: »Only I won't be alive to hear it.« Er behielt recht: Er starb mit gerade einmal 39 Jahren, in New York, nach 18 Whiskys brach er in einer Bar zusammen und lag noch fünf Tage im Koma. Und sein Ruhm klang und klingt from shore to shore, von Küste zu Küste.

Wenn man sich mit seinem welthungrigen, hemmungs- und rücksichtslosen Leben beschäftigt, hat man das Gefühl, es war von Anfang an ein schneller Weg zum Tod. Er hat ja auch schon mit zwölf Jahren zu trinken begonnen. In der Schule soll er mitten im Unterricht aufgestanden und gegangen sein. Dem Lehrer, der ihn fragte, wohin er ging, antwortete er: »*Home to my poetry* ...« Zu meiner Dichtung, nach Hause. Genügt nicht schon dieser eine Satz eines Kindes, um Dylan Thomas für immer zu lieben?

Um ihm näherzukommen, muss man nach Wales fahren. Diese Landschaft hat ihn geprägt, hierher kam er immer wieder zurück, nach Wales, seiner Sprache, seinen Menschen hatte er immer Heimweh. Die Waliser haben ein Wort für dieses Heimweh, für diese Sehnsucht nach dem Zuhause, für das es kein entsprechendes Wort in der englischen Sprache gibt: *hiraeth*.

Wales ist zerklüftet, wild, von herber Schönheit. Und man hat seine Wortkaskaden im Kopf –

»Die Stadt war noch nicht wach. Der Milchmann lag noch verloren in Lärm und Musik seiner walisisch sprechenden Träume, die wunscherfüllten Tenorstimmen ertönten mächtiger als Caruso, süßer als Ben Davies, vorbei am Kleiderbasar und am Manchester-Haus, hinauf zu den frostigen Hügeln.

Die Stadt war noch nicht wach. Babies in den Schlafzimmern im ersten Stockwerk der salzweißen Häuser, die über dem Wasser baumelten, oder der rundfensterigen Villen, die säuberlich in ordentlich baumbestandenen, aber unebenen Hügelstraßen dasaßen, plagten das Licht mit ihren halb aus dem Schlaf kommenden Schreien. Verschiedentliche pensionierte Schiffskapitäne tauchten für eine Sekunde aus tieferen Wogen, als je ihre Schiffe gewiegt hatten, auf, ertranken dann

wieder, sanken hinab, hinab in eine vielleicht mittelmeerblaue Schlaf-
kajüte, gewiegt im Meeresrauschen ihrer Ohren. Hauswirtinnen, ein-
gehüllt in Schal und Bluse und Schürze aus Schlaf in der vorhangver-
hängnisvollen Bombasinschwärze ihrer einstmals zu vermietenden
Gastzimmer, erinnerten sich an ihre Liebhaber, an ihre Rechnungen,
an ihre Besucher – tot, davongegangen, begraben in englischen Wüsten, bis die Posaune des nächsten kostspieligen Augusts sie wieder auf-
erstehen lassen würde in eine Welt von Ferienregen, unglücklichen
Küstenklippen und Sand, gesehen aus den weinenden Trauerfenstern
der Guten Stuben; eine Welt von gefransten Tischtüchern, ausge-
stopften Fasanen, Farnen in Blumentöpfen, verblassenden Fotografi-
en der bärtigen und kritisch dreinschauenden Toten, Autografenalben
mit einer Locke von schlaffen und farblosen bebänderten Haaren, die
zwischen den dicken schwarzen Deckeln hervorhängt.

Die Stadt war noch nicht wach, und ich ging durch die Straßen wie
ein Fremder, der aus dem Meer gestiegen ist und mit jedem Schritt
Holz und Wellenschlag und Dunkelheit abschüttelt, oder wie ein neu-

*In meinem Treppenhaus hängt ein Foto seines unordentlichen Arbeitszimmers in
Laugharne.*

gieriger Schatten, der entschlossen ist, sich nichts entgehen zu lassen ...«

Nein, diesem Beobachter entging nichts, diesem Dichter fehlte kein einziges Wort, er schuf im Gegenteil neue, er malte ganze Gemälde mit seinen Wörtern – wir, die Leser, sehen alles, was er beschreibt, vor uns und sind doch gefangen in Rätseln und Geheimnissen. Die Sprachkunst des Dylan Thomas ist einzigartig. Ihn zu lesen ist, wie in einen Rausch aus aufeinandergetürmten, immer bunteren Adjektiven zu geraten, sich zu verlieren in Andeutungen und Metaphern, in bisher unerhörten Bildern, in Klängen und Wortspielen, und manchmal ist ein Wort, ein Satz ganz und gar unverständlich und doch schön im Rhythmus, im Klang.

Bei Spaziergängen durch diese Gegend schwingt er immer mit.

Wer mit derart vielen Bildern im Kopf schreibt und erzählt, der ist auch ein großer Leser. Dylan Thomas war ein großer Leser und hat über diese Leselust geschrieben:

»Meine wichtigste und größte Freiheit war es, lesen zu können, was immer ich wollte. Ich las wahllos und mit geröteten Augen. Ich hätte nie gedacht, dass sich derartige Dinge in einer Welt zwischen zwei Buchdeckeln ereignen: Wörter wie Sand- und Eisstürme, Geißelungen des Unfugs und Unfug obendrein, unsicherer Friede, lautes Gelächter, blendend helles Licht, das einfällt auf einen gerade erwachenden Geist und sich über die Seiten ergießt in Millionen kleinster Teilchen, die nichts anderes waren als Wörter, Wörter, Wörter ...«

Wörter, Wörter ... die Wörter haben Dylan Thomas fasziniert wie nichts sonst, und den Rausch brauchte er, um alles andere auszuschalten und sie einfach nur (nur!) hervorsprudeln zu lassen. Seine Gedichte haben natürlich eine Aussage, ein Thema, aber immer sind sie zunächst auch Klang- und Wortmalerei, das macht es den Übersetzern ziemlich schwer, und den Lesern auch. Gerade das aber reizt auch so an Dylan Thomas: dass man sich einlassen muss auf das Rauschen und den Rhythmus der Wörter. Dylan Thomas wollte ausdrücklich immer, dass man seine Gedichte laut liest. Für ihn war Poesie das rettende Geländer und zugleich der Untergang. Sie hielt ihn am Leben, aber er verbrannte auch daran, seine Leidenschaft, seine Intensität ruinierten sein Leben, seine Gesundheit, ließen ihn mit nur 39 Jahren zusammenbrechen. Aber man kann ohne jede Übertreibung sagen: Die Welt wäre ohne seine Gedichte nicht das, was sie ist. Wie sie es ohne Shakespeare, Bach, Michelangelo nicht wäre. Nichts bleibt – keine Bauten, keine Siege, keine Eroberungen. Einzig die Kunst ist unvergänglich. Dylan Thomas hat das gewusst und gesagt:

»Ein gutes Gedicht ist eine Gabe an die Realität. Die Welt ist nicht mehr die gleiche, wenn ihr einmal ein gutes Gedicht hinzugegeben wurde.«

An Dylans Grab in Laugharne habe ich Whisky getrunken und eine geraucht und gesagt: »Death shall have no dominion.«

Nur so können wir schließlich überleben, denn, das wusste er auch: Nicht der Tod ist die Herausforderung, sondern das Leben.

Ein Künstler in SIENA

Die schöne toskanische Stadt Siena, weitaus gemütlicher als das überlaufene prächtige Renaissance-Florenz, hat es eher mit Gotik und Mittelalter. Der berühmte Platz, die Piazza del Campo, wo zweimal jährlich der Palio stattfindet, das Pferderennen, in dem sich die Männer aus den verschiedenen Bezirken der Stadt miteinander messen, ohrenbetäubend und auf hartem Pflaster, das kennt jeder, seit in der TV-Werbung einer feurigen Dame von einem Tropfen Sekt eine Rose auf dem Arm erblüht … und der reitende Ritter schaut hoch zu ihr – und, zack: amore!

Und eine Oper hat Siena auch, das prächtig hergerichtete Teatro dei Rinnovati aus dem 17. und 18. Jahrhundert.

Aber deshalb war ich nicht da. Ich war mit einem Filmteam da, um einen Film über Konstantin Wecker zu drehen, der seit einiger Zeit – das muss Ende der siebziger Jahre gewesen sein – in der Nähe von Siena, in Rimortini bei Ambra, ein Haus hatte, noch immer hat, in den Bergen, Wein, Oliven, weite Sicht, Stille zum Komponieren. Noch keine Drogen. Außer Wein.

Wir treffen uns in Siena, trinken was auf der Piazza, trödeln herum, und dann geht es nach Ambra zu seinem Haus, und das Einzige, was mir noch geradezu rührend in Erinnerung ist, das ist die Geste, mit der Wecker unten im Haus, vom Garten zugänglich, einen großen Raum öffnet und sagt: »Jetzt siehst du meine beiden großen Lieben …« – und ich erwarte seine damalige Frau Carline und seinen Freund Günter Bauch, die immer um ihn waren, und ich sehe:

einen riesigen schwarzen Yamaha-Flügel, daneben geparkt ein schwarzes Yamaha-Motorrad. Und Konstantin sagt mit umflortem Blick:

»Ist das nicht toll, meine beiden größten Leidenschaften von ein und derselben Marke?«

In den nächsten Tagen spielt er mir auf dem Flügel neue Lieder vor, auf dem Motorrad erkunden wir die Gegend, und alles passt zusammen – das Zarte, Poetische dieses so gefährdeten Künstlers und das Berserkerhafte, seine Kraft, auch seine Art, alles irgendwie verrotten zu lassen, aber sich doch nie mit nacktem Oberkörper oder schlampig ans Klavier zu setzen. Das Klavier fordert den Respekt eines sauberen Hemdes. Das habe ich ganz großartig gefunden.

Vor dem Fenster stand ein 250 Jahre alter Maulbeerbaum, und Konstantin sagte später in einem Interview:

»Der hat viel erzählt bekommen, von den Nord- und Südwinden, von den Schmetterlingen, von den Olivenbäumen, die neben ihm stehen. Und er schreibt eben auch sehr gute Gedichte. Und manchmal, wenn es ganz still ist und ich ihm ganz nah bin, flüstert er sie mir zu. Ich habe gerade wieder ein kleines Essay über Poesie geschrieben und darüber, dass Worte nur Symbole sind, über die niemand die Interpretationshoheit haben darf. Denn in dem Moment wird das Wort zur Parole.«

Fast fünfzig Jahre später, ich sitze wieder auf der Piazza in Siena, die Freundschaft zu Wecker hat nicht gehalten; aber ich denke an diesen klugen Satz. Und schreibe diese Geschichte eigentlich nur seinetwegen in Zeiten, in denen Worte schon wieder Parolen sind und Interpretationshoheiten wie in der uns unnatürlich aufgezwungenen Gendersprache um sich greifen.

Ein Glas auf Wagner.
RIGA

In Riga bin ich eigentlich nur auf den Spuren von Richard Wagner. Zwei Jahre war er hier als Kapellmeister, vom Sommer 1837 bis zum Sommer 1839, und seine Ankunft war genauso chaotisch gewesen wie seine Abreise. Aus Königsberg war er vor Gläubigern geflohen. Er hatte Schulden, zum einen wegen seines immer sehr extravaganten Lebensstils, aber auch, weil das Konzerthaus in Königsberg ihn einfach nicht mehr bezahlen konnte. Und Riga war die Hauptstadt des damals russischen Gouvernements Livland – hier konnten ihn die Gläubiger nicht erreichen. Also fing er im Stadttheater als Dirigent an, und er hat dort viele Opern dirigiert, unter anderem Mozarts *Zauberflöte* und Beethovens *Fidelio*, und er galt als einer der besten Dirigenten seiner Zeit. Hier begann er auch ernsthaft, selbst Opern zu schreiben: seinen *Rienzi,* den er schon lange im Kopf hatte, eine große, fünfaktige Oper mit historisch-revolutionärer Handlung, Massenszenen, Ballett, Feuer – alles da, schön bombastisch.

Riga, gab er später zu, habe ihn sehr inspiriert. Dabei nannte er das kleine Theater, das mitten in einer Wohnstraße lag, immer abfällig »die Scheune«, und doch beeindruckten ihn drei Dinge an dieser Scheune so, dass er sie später auf sein eigenes Theater in Bayreuth (das wir heute auch »die Scheune« nennen!) übertrug: das stark und steil ansteigende Parkett, wie in einem römischen Amphitheater; die völlige Dunkelheit im Zuschauerraum – damals durchaus nicht üblich, und, auch unüblich, das tief unten sitzende Orchester.

Ansonsten aber: Er war im kleinen verschlafenen Riga nicht glücklich, in *Mein Leben* schreibt er später über seinen Aufenthalt dort: »Von nirgends her trat mir eine auch nur im Mindesten anregende Persönlichkeit entgegen. Gänzlich auf mich allein angewiesen, blieb ich Allen fremd.«

Aber er dirigierte, komponierte, las und entdeckte bei Heinrich Heine den Stoff vom *Fliegenden Holländer*, die Sage vom verwunschenen Kapitän, den nur die Liebe einer treuen Frau erlösen kann vom Fluch, der auf ihm lastet. Und als Wagner im August 1839 bei Nacht aus diesem Riga floh, 26 Jahre alt, mit allen zerstritten, mit Schulden und

Gläubigern nun auch hier im Nacken, floh, um mit einem Schiff zuerst nach London, dann nach Frankreich und nach Paris zu kommen, da hatte er den Holländer als Oper schon im Kopf und konnte ihn auf der äußerst stürmischen Überfahrt sehr plastisch skizzieren.

Das war was, diese Flucht aus Riga! Sie geschah zusammen mit seiner zunehmend frustrierten Frau Minna und einem riesigen Neufundländer namens Robber, der ihm zugelaufen war und nicht mehr von ihm lassen wollte. Zuerst lief der Hund neben der Postkutsche her, dann hatte man Erbarmen, nahm das riesige Tier doch nach innen, der Hintern mit Schwanz hing zum einen Fenster heraus, der Kopf zum andern, und auf dem Schiff, einem Kaufmannsfrachter namens *Thetis* mit nur sieben Mann Besatzung, tapperte der seekranke Riesenhund treppauf, treppab, es wütete ein entsetzlicher Sturm. Auch Wagner hat Angst. In *Mein Leben* schreibt er:

»Nicht die furchtbare Gewalt, mit welcher das Schiff auf- und abgeschleudert wurde (…), erweckte in mir das Todesgrauen, sondern (…) die Mutlosigkeit der Mannschaft, unter welcher ich verzweiflungsvoll boshafte Blicke wahrnahm, mit denen wir von ihnen als die Ursache des drohenden Seeunglücks bezeichnet zu werden schienen.«

»Steuermann, lass' die Wacht …« Hier mag er entstanden sein, der wilde Chor der Matrosen im *Fliegenden Holländer*.

Diese Straße in Riga ist heute nach ihm benannt. Ich spaziere durch die liebenswerte kleine Stadt, die russisch, deutsch, lettisch aussieht, in der immer noch viele Menschen Deutsch sprechen und in der alte Holzhäuser – russisch! – neben deutschem Jugendstil stehen. Und die Akademie der Wissenschaften hat Stalins pompöse Handschrift, sie sieht aus wie die verkleinerte Lomonossow-Universität in Moskau.

Wagner, den ungebärdig wilden Mann, kann ich mir hier einfach nicht vorstellen. Die Stadt hat heute rund 630 000 Einwohner, zu Wagners Zeiten waren es etwa 60 000. Wie provinziell muss er sich gefühlt haben? »Das Leben ist schön wie eine Nachtigall mit Zahnschmerzen«, soll der Komponist Eric Satie gesagt haben, heißt: so schön nun wieder nicht ...

Ich trinke, ehe ich per Schiff abreise nach Sankt Petersburg, einen *Rigas Melnais Balzams* auf Wagner, einen Rigaer Schnaps, 45 % Alkohol, bitter, aus Kräutern und Beeren gebraut, tiefschwarz und in Eichenfässern gelagert. Katharina die Große soll durch diesen Schnaps von irgendeinem Leiden geheilt worden sein, als sie in Riga war, und ich kannte ihn aus Anton Cechovs Roman *Ein Drama auf der Jagd*, wo er auch erwähnt wird, dieser bittersüße Rigabalzam. Brrrr.

Kenotaph *für* NAGASAKI

Im Frühjahr 1945 waren unter Leitung von Robert Oppenheimer in Amerika die ersten Atombomben fertig. Auf Deutschland wollte man sie werfen, Mannheim und Umgebung. Aber dann kapitulierte Deutschland am 8. Mai, der Krieg war aus. Der Zielfindungsausschuss (*Targetcommission*) beschloss: Dann eben Japan, da gibt's genug Kriegsindustrie, und Hiroshima, Kyoto, Yokohama, Niigata und Kokura kamen in die engere Wahl.

Wir wissen: Die erste Bombe, *Little Boy*, fiel am 6. August morgens auf Hiroshima, die zweite, *Fat Man*, am 9. August auf Nagasaki. Hiroshima war ein Truppensammelpunkt, und hier lagerten kriegswichtige Güter, in Nagasaki waren der Rüstungskonzern Mitsubishi und die Werften, wo die Torpedos gebaut wurden, mit denen die Japaner die US-Flotte bei Pearl Harbour angegriffen hatten.

Tausende Tote, Sterbende, Verseuchte, zerstörte Städte, Strahlung, bis heute. Unfassbares Leid.

Meyers Konversationslexikon von 1908 preist Nagasaki als »prächtig gelegenen und einen der tiefsten und sichersten Häfen von Japan«. Man ahnte nicht, was auch die sichersten Orte der Welt binnen Sekunden in Schutt verwandeln kann.

Irgendein Zyniker sagte mal: Beide Städte haben gelitten, aber Hiroshima hatte die bessere Presse. Ist bekannter geworden. *Hiroshima, mon amour.*

Ich bin nach Nagasaki gefahren, mit hochgezogenen Schultern, eingezogenem Kopf, unsicher, irrational schuldbewusst, ratlos. Ein Friedenspark und ein Atombombenmuseum, das *Nagasaki Atomic Bomb Museum*, dokumentieren das Entsetzliche. Ein Kenotaph, eine Steinstele, kennzeichnet den Punkt, an dem die Bombe traf. Kenotaph bedeutet: leeres Grabmal. Hier liegt niemand, aber man gedenkt vieler Toter. Wie geht man mit so etwas um?

Leise. Man geht in das Museum, man schaut, umgeben von Schulklassen, kleine Mädchen und Jungen in adretten Uniformen, zum Teil Hand in Hand, auch sehr leise, es ist still im Museum, und plötzlich schluchzt jemand.

Was sieht man?

Fotos, das Vorher, das Mittendrin, tote Menschen, schreiende Menschen, zerfetzte Menschen, die geschmolzene Welt hinter Glas, tote Tiere, zerstörte Häuser. Das Nachher. Man sieht die Brotbüchse eines Schulkinds mit seinem Mittagessen: verkohlter Reis in verkohlter Blechdose.

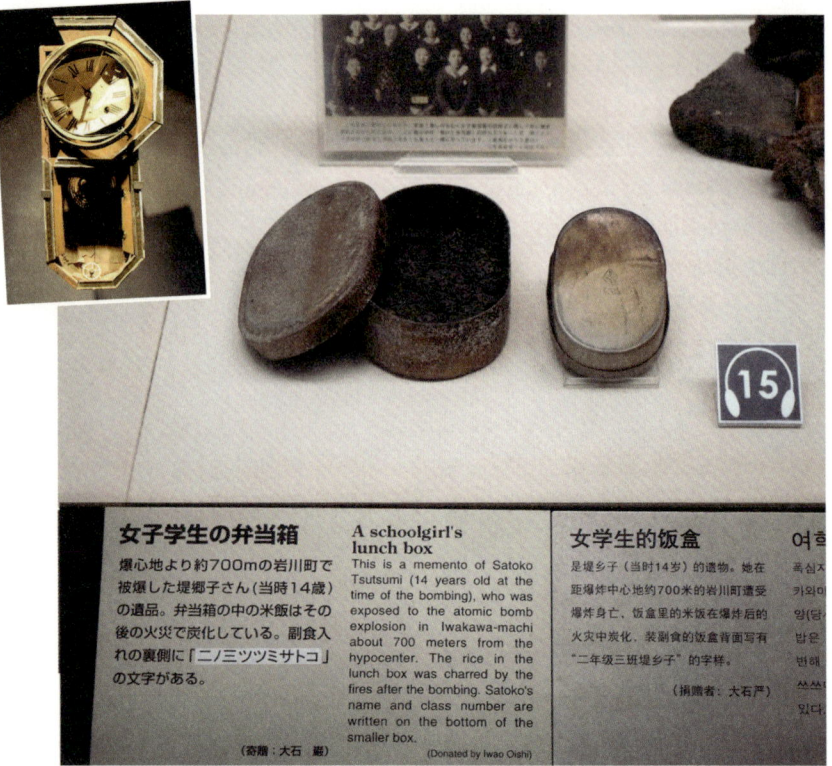

女子学生の弁当箱
爆心地より約700mの岩川町で
被爆した堤郷子さん(当時14歳)
の遺品。弁当箱の中の米飯はその
後の火災で炭化している。副食入
れの裏側に「二ノ三ツツミサトコ」
の文字がある。

(寄贈：大石 巌)

A schoolgirl's
lunch box
This is a memento of Satoko
Tsutsumi (14 years old at the
time of the bombing), who was
exposed to the atomic bomb
explosion in Iwakawa-machi
about 700 meters from the
hypocenter. The rice in the
lunch box was charred by the
fires after the bombing. Satoko's
name and class number are
written on the bottom of the
smaller box.

(Donated by Iwao Oishi)

女学生的饭盒
是堤乡子(当时14岁)的遗物。她在
距爆炸中心地约700米的岩川町遭受
爆炸身亡，饭盒里的米饭在爆炸后的
火灾中炭化，装副食的饭盒背面写有
"二年级三班堤乡子"的字样。

(捐赠者：大石严)

Man sieht eine Uhr, die in der Minute des Bombenabwurfs stehen-
blieb: um 11.02 Uhr.

Man sieht zusammengepresste Trümmer, dieses Stück Mauer und
Staub war mal ein Haus. Die Kinder lesen die Tafeln, schauen auf ein
Modell der Bombe und weinen. Das Weinen steckt an, die Erschütte-
rung schwingt durch diesen Raum und betrifft uns alle, die wir an diesem Tag dort sind.

Draußen singen die Vögel und fliegen Schmetterlinge durch den
Friedenspark, und jeder begreift jetzt, hier, was das ist: Frieden. Das
Kostbarste, was wir haben. Wir hatten es beinahe vergessen.

Rot, fett, gelehrt.
BOLOGNA

Bologna ist eine üppige alte Dame,
mit dem Busen liegt sie in der Poebene
und mit dem Hintern auf den Hügeln.

Bologna è una vecchia signora«, so beginnt der Song »Bologna« des italienischen Liedermachers Francesco Guccini, nahe Bologna geboren. Er muss es wissen: Ja, diese Stadt ist üppig, und sie liegt lässig da mit ihren roten Dächern.

Es ist eine Stadt, die lächelt. Ich bin nicht der Typ für handtuchbelegte Liegen am Strand. Ich bin eine leidenschaftliche Städtereisende, schon wegen der Opern, die ich überall suche und aufsuche, und wann hat mich eine Stadt zuletzt derart begeistert? Bologna lebt, lacht, pulsiert, ist unkompliziert, leuchtet, ist lebendig, jung, lustig, leicht zu er-

forschen und einfach hinreißend schön. Relativ wenige Touristen fallen nicht weiter auf. Hier fällt niemand auf. Hier trödeln alle herum unter den großartigen, jahrhundertealten Arkaden, Kolonnaden, *portici* – geschützt vor Verkehr und Sonne, überall ein kleines Café, ein mögliches Gläschen Wein. Die Fußgänger haben insgesamt in der ganzen Stadt unglaubliche vierzig Kilometer Kolonnaden, unter denen sie flanieren, Eis essen, einkaufen. Es gibt ganz hohe wie Kathedralen und ganz niedrige, sehr alte noch aus Holz, eine sinnvolle Vorschrift verfügte aber, dass sie mindestens so hoch sein mussten, dass ein Mann mit Hut auf einem Pferd durchreiten konnte! Inzwischen gehören die *portici* zum geschützten Weltkulturerbe.

Bologna, *la rossa, la dotta, la grassa* – *la rossa*, die rote Stadt, wegen der jahrzehntelangen kommunistischen Bürgermeister und wegen der Lehmhäuser mit roten Dächern, warm in der Sonne leuchtend; *la dotta,* die gelehrte, weil die erste europäische Universität 1088 hier entstand; *la grassa,* die fette, weil es in keiner andern Gegend Italiens so viele Leckereien gibt wie hier in diesem Landstrich der *Emilia Romagna*: In Modena haben sie den *Aceto Balsamico* erfunden, in Parma den Parmaschinken und den Parmesan, *il Parmigiano,* in Bologna den *Ragù Bolognese,* bitte hier nie mit Spaghetti bestellen, nur mit Tagliatelle, die auch von hier kommen und angeblich den blonden Locken der Lucrezia Borgia nachempfunden sind, der schönen Renaissancefürstin und unehelichen Tochter Papst Alexanders VI. Die Tortellini, ebenfalls aus dieser Gegend, sollen sogar ihrem Bauchnabel nachgebildet sein. Irgendwie hat Bologna gute Laune, und sogar die Demonstrationen sind hier lustiger als anderswo: Als wir gerade dort sind, kommt Matteo Salvini, Parteichef der rechtsnationalen Lega Nord. Er will eine Rede halten, und vergnügte Hausfrauen demonstrieren gegen ihn mit Transparenten, auf denen steht: »Più Tortellini, meno Salvini«. Guter Slogan, lieber lecker essen als diesen reaktionären Deppen zuhören müssen.

Ich war in Bologna auf Schritt und Tritt einfach nur glücklich und habe sogar etwas gemacht, was ich eigentlich verabscheue: Ich bin für zehn Euro in eins dieser albernen Touristenbähnchen gestiegen, die gemeinhin die Straßen verstopfen. Hier nicht. Der rote San Luca Express knattert mit seinen drei Wägelchen nicht durch die schmale Altstadt, sondern bergauf, ich sehe Stadtteile, die mir sonst entgangen wären, schöne Villen, Parks, es duftet nach Jasmin. Man kriegt alles erklärt – zum Beispiel, dass hier auf dem großen Friedhof der Komponist Ottorino Respighi liegt und auch der berühmte Kastratensänger der Barockzeit, Farinelli, und der Lokalheilige, Lucio Dalla. »Gute Nacht, meine Seele, jetzt lösche ich das Licht und so sei es«, diese Zeile aus einem seiner Lieder steht auf seinem Grabstein.

Lucio Dalla, einer der innovativsten *cantautori* Italiens, hat in der Altstadt in der Via d' Azeglio gelebt, sein Konterfei mit Saxofon wurde auf die Wand seines Hauses gesprüht, und wenn nach dem Sechs-Uhr-Läuten die Kirchenglocken schweigen, ertönt jeden Abend ein Song, eine *canzone* von Dalla, unten lauschen in kurzer stiller Andacht die Fans und wir verblüfften Touristen. Dalla war ja auch ein Jazzer, spielte zusammen mit Chet Baker, der zeitweise in Bologna lebte, oder Charles Mingus – und die Via Orefici gleich nebenan ist eine Straße,

die an die großen Jazzfestivals vergangener Jahre erinnert: Die Sterne mit Namen der Jazzgrößen sind ins Pflaster eingelassen, ein Hollywood Boulevard in Italien.

In dieser Jazz-Straße steht eines der interessantesten Häuser Bolognas: die *Libreria coop.* Auf drei Stockwerken geht es um Bücher, Schinken, Nudeln, Wein; unten ein Buchladen, in dem auch Lesungen stattfinden und Wein verkauft wird, oben ein Lebensmittelladen, in dem es Kochbücher zu kaufen gibt und wo man zu Mittag essen kann, ganz oben ein Gemisch aus leckeren Spezialitäten, besonderen Büchern und einer Art Bar. *La dotta* und *la grassa* – in einem Haus aufs angenehmste verbunden. Einen ganzen Tag hab ich hier verbummelt und bin leicht angesäuselt mit Buch- und Leckereipaketen zurück ins Hotel getrabt.

Bologna hat rund 400 000 Einwohner und etwa 80 000 Studenten, das prägt die Stadt. Es brummt. Ich sitze schon morgens vorm ersten (gern auch zweiten) Glas Weißwein inmitten des Gebrumms, tue nichts und bin vergnügt. Dann raffe ich mich zu ein paar Erkundigungen auf, erst eher faul und lustlos, dann zunehmend begeistert. Alles ist etwas skurril hier. Im Studentenviertel in der Via Zamboni 33 liegt der Palazzo Poggi, im 16. Jahrhundert für einen Kardinal erbaut, heute beherbergt er ein naturkundliches Museum: Man kann Panzer von Riesenschildkröten sehen, Straußeneier, die Linné 1758 präpariert hat, und man ahnt vor den großen Vitrinen, was wir an Tieren und Pflanzen seit der Renaissance schon verloren haben. Ein paar Räume weiter: das Anatomiemuseum, ein schönes totes Mädchen aus Wachs mit Zopf und goldener Kette, aber der Bauch aufgeklappt, damit wir auch mal sehen, wie schöne Mädchen von innen aussehen. Mich schaudert, aber faszinierend ist es ja doch.

Da steht auch freundlich lächelnd eine italienische Dame, die aussieht wie eine nette Hausfrau, die gerade den Braten tranchiert – es ist aber die erste Anatomin der Welt, Anna Morandi Manzolini, die hier Mitte des 18. Jahrhunderts am offenen Hirn herumsägt.

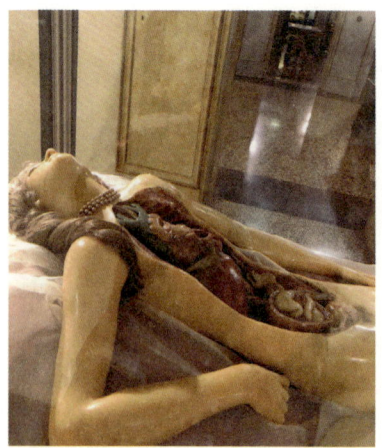

Ein Porträt zeigt eine weitere berühmte Frau: Laura Bassi, die weltweit erste Professorin für Philosophie und Physik, die 1776 nur auf diesen Lehrstuhl kam, weil ihr Mann ihn ihr zuliebe zuvor abgelehnt hatte. Ein Mann! Tritt zurück für eine Frau! Man kann nur staunen.

Sie durfte nun Vorlesungen halten, aber nur hinter einem Vorhang, um mit ihrer Weiblichkeit nicht zu verwirren … Museen, die solche Geschichten erzählen, sind für mich ein Quell unendlicher Freude, und das nächste ist gleich nicht weit: im Palazzo dell'Archiginnasio. Er wurde 1563 erbaut und war der erste feste Sitz der Universität, damit nicht alle Institute über die Stadt verstreut waren. Hier kann man den alten Anatomiesaal besichtigen: Er ist ganz und gar holzverkleidet, zeigt Statuen berühmter Ärzte aus dem Altertum (einer hält stolz eine amputierte Nase in der Hand!) und Büsten der Bologneser Mediziner, die hier unterrichteten. In der Mitte steht ein Marmortisch für die Leichen, in der Wand ist ein kleines Fenster, an dem Kirchenmänner zusahen und einschritten, wenn ihnen das Geschnipsel da unten moralisch-christlich zu weit ging. Ich setze mich auf eine Holzbank, gucke, staune, atme die Geschichte der vergangenen Jahrhunderte ein.

Das Katheder für den Professor überspannt ein Baldachin, der rechts und links von *due spellati*, zwei Gehäuteten aus Holz, getragen wird. Hier lagern in der Universitätsbibliothek wertvolle Bücherschätze in großen, wunderschönen, bildergeschmückten Sälen von beeindruckender Pracht. Es gibt im Haus auch einen Lesesaal, *Stabat mater*-Saal genannt zur Erinnerung an das *Stabat mater* von Rossini, das hier am 18. März 1842 unter der Leitung von Gaetano Donizetti uraufgeführt wurde. Das ganze Gebäude ist ein Kunstwerk aus Architektur, Malerei, Inschriften, Denkmälern, Licht und Schatten – tagelang möchte man sich hier herumtreiben. Ich gehe während meines Aufenthaltes in Bologna immer wieder mal hin, sie kennen mich inzwischen schon, ich muss nichts mehr bezahlen und darf in die Büchersäle. Kann man mir dort nicht einfach ein Bett hinstellen? Mir fällt der norwegische Stu-

dent ein, der im Nietzsche-Haus in Sils Maria auf Knien gefleht haben soll, man möge ihn nur eine Nacht auf dem Fußboden in Nietzsches Zimmer übernachten lassen … Angeblich hat man es erlaubt. Wurde er danach geheilt oder auch verrückt? Was weiß man schon.

Diese Stille der Jahrhunderte in der Bibliothek! Und draußen: Sonne auf roten Wänden, ein Glas Wein, ein Teller Nudeln, wie schön ist das Leben, und wie erstaunlich spürbar hängen hier die Jahrhunderte zusammen. »Nicht auf diesen Stuhl setzen, Signora«, lacht der Kellner, »da oben sitzt immer eine Taube, die genau von dort herunterscheißt.«

Bologna, von der UNESCO 2006 zur »kreativen Stadt der Musik« ernannt, war vom 17. bis ins 19. Jahrhundert eine Pflichtetappe für europäische Musiker, wie noch früher Venedig. Eines der ältesten italienischen Konservatorien ist hier, ein *Museo della Musica,* das sechs Jahrhunderte europäischer Musik mit Bildern, Noten, Instrumenten dokumentiert, und die *Accademia Filarmonica,* an der auch Rossini und Donizetti studierten und wo der vierzehnjährige Mozart 1770 durch die Aufnahmeprüfung fiel – aber der gütige Professor Martini erkannte sein Genie, half dem jungen Mann, der nur unlustig Noten malte, ein bisschen auf die Sprünge beim geforderten mehrstimmigen Chorsatz, und Mozart bestand. Man kann alle drei Dokumente hier sehen: Mozarts ersten Versuch, Martinis Vorschlag und denselben dann noch mal in Mozarts Handschrift.

Natürlich gehe ich auch in Bologna, wie möglichst in jeder Stadt, in die Oper. Ich bin ja süchtig. Hier im Teatro Comunale wurde Verdis *Don Carlo* 1867 uraufgeführt, der Platz vor der Oper ist nach Verdi benannt. Ich sehe aber eine höchst seltsame *Turandot* von Puccini.

Das ist ein echter Mozart!

Prachtvoll gesungen wurde auf fast leerer Bühne, das Bühnenbild zum Schicksal der grausamen chinesischen Prinzessin lieferten gewaltige Videoinstallationen mit irgendetwas zwischen *Matrix reloaded* und rosa Chinakitsch. Gewöhnungsbedürftig – aber vielleicht muss man es genau so machen, um die Oper in die Zukunft zu führen – die Vorstellung war jedenfalls ausverkauft und von fast ausschließlich sehr jungen Leuten begeistert beklatscht.

All die Dichter, die über die Jahrhunderte hinweg Italien bereist und ausführlich beschrieben haben, erzählen viel über Rom, Florenz und Venedig, aber wenig über Bologna. Es kommt einem noch immer vor wie ein Geheimtipp. Und so, wie uns Donna Leon mit ihrem Commissario Brunetti Venedig lieben gelehrt hat, so versucht Carlo Luccarelli seit Jahren, uns Bologna mit seinen gruseligen Krimis als Stadt der finsteren Ecken voller Serienmörder zu vermiesen. Gelingt ihm aber nicht!

In Bologna kann man sich einfach nur treiben lassen, man landet immer irgendwo, wo es schön oder interessant ist – zum Beispiel auf der Piazza del Nettuno mit dem Neptunbrunnen. Im Dreizack des Neptun erkennt man das Logo der Firma Maserati und guckt staunend auf die drallen Brüste der Nymphen, aus denen Wasser spritzt.

Über das Kopfsteinpflaster stöckeln schöne Italienerinnen tapfer wie Gazellen in Highheels und essen mit perfekt geschminkten Lippen Himbeereis, man macht hier immer *bella figura*. Eine Mädchenband improvisiert am Straßenrand »Pretty woman«, und die Leute tanzen dazu. Leben an allen Ecken.

Und dann wieder die Stille der Jahrhunderte in dem wunderbar verwunschenen Kirchen- und Klosterkomplex, den *sette chiese,* sieben Kirchen, von Santo Stefano, alles nur wenige Schritte voneinander entfernt in der Altstadt: byzantinisch, romanisch, gotisch – neben- und ineinander mehrere Kirchen und Innenhöfe von ruhiger Schönheit. Irgendwie heilt diese Stadt die Seele. Und Francesco Guccini singt:

> *Ach, was war'n wir doch alle für Künstler,*
> *aber ohne Scham und Scheu,*
> *gewiegt von Mama Bologna*
> *zwischen den Schenkeln ihrer Säulengänge.*

BERLIN, *lieber nicht*

Nein, eher nicht.

Oder doch: Eine Sache in Berlin hat mich lange unterhalten, als ich 1964/65 dort studierte und täglich mit dem Fahrrad aus Friedenau, wo ich wohnte, nach und durch Dahlem zur FU fuhr. Ich fuhr hin durch die Löhleinstraße und zurück durch die parallel liegende Brümmerstraße. Und ich dachte das Naheliegende:

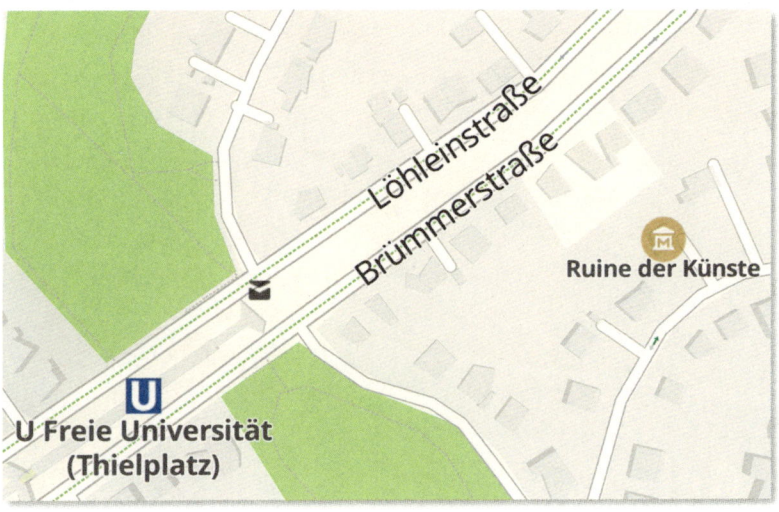

Ein Löhlein macht noch keinen Brümmer.
Wer das Löhlein nicht ehrt, ist den Brümmer nicht wert.
Es ist noch kein Brümmer vom Löhlein gefallen.
Der Brümmer geht so lange zum Löhlein, bis er bricht.
Was das Löhlein nicht lernt, lernt der Brümmer nimmermehr.

Brümmer und Löhlein gesellt sich gern.
Kommt Brümmer, kommt Löhlein.
Löhleinjahre sind keine Brümmerjahre!
Was ein Löhlein werden will, brümmert sich beizeiten!
Besser der Brümmer in der Hand als das …

Sie können das beliebig fortführen. Die deutsche Sprache ist ja reich an paarweisen Sprichwörtern.

Na gut. Noch mal BERLIN

Ich warte hier am Flughafen immer so lange, bis garantiert ein Ausländer am Steuer sitzt. Vor Berliner Taxifahrern habe ich Todesangst, denn wenn ich zum Beispiel sage: »Ich möchte ins Hotel Savoy in der Fasanenstraße«, dann schreien sie mich an: »Ick weeß, wo det Hotel Savoy is, ick fahr seit vierzich Jahre Taxi, da müssen Se mir nich sagen, datt det inne Fasanstraße is.«

Ja, ist ja gut.

Es kommt ein Dicker mit Schnurrbart, er sieht freundlich aus, könnte Türke sein. Ich steige tapfer ein und versuche auch, freundlich zu sein.

»Na, was gibt's Neues in Berlin?«, frage ich.

Er sagt: »Ich hab mir heute was Neues gekocht, nämlich Tomatensalat statt mit Essig und Öl einfach mit ner Büchse Ölsardinen, so gemischt, und noch ganz kleine Würfel Schweizer Käse dazu, hörnse mal, das war vielleicht lecker.«

Ich sage: »Ich mag keine Ölsardinen.«

Er sagt: »Is aber lecker, brauchense nich extra Öl ...«

Ich: »Und sonst, ich mein, Berlin, was ist ...«

Er: »Sonst mach ich mir auch manchmal Gulasch, wo ich die Nudeln und die Pilze gleich mit reintu, wenn das Fleisch angebraten is, da brauch ich dann nicht so viel Töpfe, das wird da drin doch auch weich. Und wenn ich das dann gleich aussem Topf esse, brauch ich auch kein Teller.«

Ich: »Hasenheide – ist das jetzt eigentlich Osten oder Westen?«

Er: »Westen. Kreuzberg. Gibt ja kaum noch Gaststätten, wo man gut deutsch bürgerlich essen kann, alles Italiener, Türken, Jugoslawen. Ich kauf mir immer hundert Koteletts, frier die ein, und dann tau ich mir immer zwei auf schön lecker mit Kartöffelchen.«

Ich: »Ich war lange nicht hier, Berlin hat sich sehr verändert.«

Er: »Ja, neulich hab ich mir mal Hirschbraten gemacht, drei Kilo. Erst schön in Rotwein eingelegt, dann mit Wacholderbeeren – und den Rest hab ich dann eingefroren, gibt's nächsten Sonntag noch mal Hirschbraten.«

Da hab ich kapituliert und ihm mein leckerstes Pfannkuchenrezept gegeben.

Er hat angehalten, mitgeschrieben und die Zeit hinterher abgezogen. Und als er mir die Taxiquittung ausstellt und das Datum schreibt – es ist der 24. November –, da sagt er (und jeder andere hätte gesagt: Ach, heute in vier Wochen ist Weihnachten!): »Oh! In sechs Monaten gibt's schon wieder Spargel!«

Guter Mann.

Ein bisschen Spaß muss sein.
BAD OEYNHAUSEN

Oder war es Bad Salzuflen? Bad Pyrmont? Bad Sassendorf? Sagen wir, es war Bad Oeynhausen, das klingt am schönsten. Sagen wir, es war in den frühen achtziger Jahren. Da moderierte ich im WDR die legendäre *Unterhaltung am Wochenende* mit dem legendären Redakteur Hilmar Bachor, genannt Hille, der uns alle gefördert und quasi entdeckt hat – Konstantin Wecker, Harald Schmidt, Konrad Beikircher, Hanns Dieter Hüsch, Jürgen von der Lippe, Lydie Auvray, Else Stratmann, Lioba Albus, Heinz Rudolf Kunze, Julian Dawson, die Insterburgs, es gab an der UaW und an Hille Bachor keinen Weg vorbei, wenn man komisch war oder dichten oder singen konnte. Hille fragte die Kabarettisten immer: »Ist in deinem Text was gegen den Papst? Das muss ich wissen.« Und wir sagten meist: »Nein, nur gegen Möllemann«, und das ging glatt durch. Glückliche Zeiten, heute wütet der Kontroll-, Zensur- und Korrektheitswahn und zerstört das, was man mal *kritischen Geist* nannte.

Und ab und zu ging es mit dem sogenannten Ü-Wagen, dem Übertragungswagen, aufs Land, ins Hinterland des WDR, »die wollen es doch auch mal schön haben«, sagte Hille, und wir machten die Sendung unter Anteilnahme der Bevölkerung live in schrecklichen Scheunen, angeschimmelten Kneipen oder prächtigen Kursälen. So auch in Bad Oeynhausen.

Konstantin Wecker war dabei mit Band und Liedern, Julian Dawson, der baumlange Engländer, mit Gitarre in der Band von Lydie Auvray, der hinreißenden Akkordeonistin. Die Techniker waren noch beim Aufbau, da hatten unsere Jungs schon eine Schlägerei mit der Dorfjugend angezettelt und kamen mit blutiger Nase und geplatzten

Augenbrauen auf die Bühne. Wir legten eine Sendung hin, die es in sich hatte. Die Dorfjugend war auch da und pöbelte rum, aber wir hatten die Mikros, und Dawson und Wecker können an einem Mikro enormen Lärm machen, war eine prima Sendung.

Danach versöhnten sich auch alle wieder beim Bier, und der Abend war noch jung. Was tut man abends in Bad Oeynhausen, wenn man die Schlägerei schon hinter sich hat? Im Kursaal, so war angekündigt, würde um 20.30 Uhr Roberto Blanco auftreten. Oh! »Ein bisschen Spaß muss sein«, dachten wir und gingen hin. Man beäugte uns sehr kritisch, nur Julian durfte in den Saal, der trug ein weißes Dinnerjacket. Und Lydie und ich kamen in netten Kleidchen auch mit ihm rein und gingen dann ein paar Mal mit Julians Dinnerjacket wieder raus, nach und nach holten wir alle mit dieser Jacke in den Saal, und wenn man erst mal drin war und saß, guckte eh keiner mehr auf die Klamotten, obwohl – die Kurgäste hatten sich schon enorm aufgebrezelt, ich meine: Roberto Blanco! Das ist schon ein Event!

Er kam ebenfalls im weißen Dinnerjacket (im eigenen) und brachte Stimmung vom ersten Moment an. Ein Entertainer durch und durch,

er erzählte sofort, dass er Ehrenmitglied der CSU sei, denn: »Wir Schwarzen müssen doch zusammenhalten!« Undenkbar in humorlos korrekten Zeiten heute, und der Saal rastete aus. Blanco kann sein Handwerk, er tobte durch den Abend, er schmetterte den Puppenspieler von Mexiko, der, wir wissen es, einmal traurig war und einmal froh, er sang »Brauner Bär und weiße Taube«, und da weinten die Ersten schon, denn »Brauner Bär war ein junger Indianer mit roter Haut / und er träumte, weiße Taube wäre seine Indianerbraut / aber leider ging für beide mit der Liebe alles schief / denn das große wilde Wasser, das sie trennte, war viel zu tief«, und wir sagten: »Wecker, du mit deinem Scheiß-Willy-Lied, das hier, das sind Texte!«, denn ein bisschen Indianer sind wir doch alle! Roberto Blanco brachte die Kurgäste mit »Tschumbala-Bey« und »Auf Liebe gibt es keine Garantie« zum Weinen und mit »Ich komm' zurück nach Amarillo« zum Schunkeln, und er schwitzte und tänzelte, und wir sangen schon mit und waren ordentlich abgefüllt. Und dann stand der Bürgermeister auf und sagte, man müsse aber nun mal dem Kulturverein Bad Oeynhausen danken, der das alles möglich gemacht habe, und ich zischte: »Alle aufstehen!«, und wir standen alle auf an unserm Radautisch, verbeugten uns schneller, als der Kulturverein am andern Ende reagieren konnte, und bekamen verblüfft den Applaus der Menge. Ja, the winner takes it all, früher aufstehen, Kulturverein! Ein bisschen Spaß muss sein! Und Roberto Blanco sah schon ziemlich finster zu unserm Tisch herüber, aber er sang dann doch die Zugabe, die wir lautstark forderten:

Ein bisschen Spaß muss sein,
dann ist die Welt voll Sonnenschein!
So gut, wie wir uns heute verstehn,
so soll es weitergehn.

»Jawoll«, sagte Wecker, »ihr habt recht, das sind noch Texte, Scheiß doch aufs Willy-Lied, ein bisschen Spaß muss sein, dann kommt das Glück von ganz allein, drum singen wir tagaus, tagein, ein bisschen Spaß muss sein.«

Jedenfalls hatten wir in und mit Bad Oeynhausen richtig viel Spaß, ich fürchte, mehr als die mit uns.

HBF Bad Oeynhausen, hier kann man dann wieder abfahren.

Bildnachweis

Wo nicht anders angegeben stammen die Abbildungen von der Autorin oder dem Fotografen Tom Krausz.

S. 14 unten © mauritius images / Archive PL / Alamy / Alamy Stock Photos

S. 17 © Baugeschichtliches Archiv Zürich, Fotograf unbekannt, CC BY-SA 4.0

S. 18 Frauenbadi, Zürich © Roland zh, Wikimedia, CC BY-SA 3.0

S. 22 © epa

S. 24 © Ernesto S. Ruscio / Freier Fotograf / Getty Images

S. 26 © Leonardo Cendamo

S. 29 © Klaus Lefebvre

S. 38 Poster von Thomas Keene in Macbeth, ca. 1884, W. J. Morgan & Co. Lith., Wikimedia

S. 43 © picture alliance / dpa / Hubert Boesl

S. 49 Nordiska Kompaniet, Stockholm © Holger.Ellgaard, Wikimedia, CC BY-SA 3.0

S. 54 © Maike Grunwald / maikegrunwald.com

S. 56 © RobsonPL / iStock / Getty Images Plus

S. 59 © picture alliance / dpa / Khaled Elfiqi

S. 62 © KHALED DESOUKI / Kontributor / Getty Images

S. 66 Johann David Schubert (1761–1822), Werther erschießt sich, 1822. Aquarell über Feder in Grau, 18,9 x 16,4 cm [Blatt], Inv. Nr. III-07100 © Freies Deutsches Hochstift/ Frankfurter Goethe-Museum

S. 68 © mauritius images / Robert Harding / Tony Waltham

S. 72 oben Fernando-Pessoa-Bronzestatue vor dem Café »A Brasileira«, Lissabon © Nol Aders, Wikimedia, CC BY 2.5

S. 72 unten © honbliss / iStock / Getty Images Plus

S. 73 Café »A Brasileira«, Lissabon © Etasobal, Wikimedia, CC BY-SA 3.0

S. 74 »Der Buchhalter eilt mit einem weiteren unveröffentlichten Gedicht nach Hause« © Friedrich Walz, http://www.walz-art.de/2021/03/15/der-buchhalter-eilt-mit-einem-weiteren-unveroeffentlichten-gedicht-nach-hause/

S. 77 links © llveiga

S. 77 rechts Ginjinha-Bar am Rossio, Lissabon © Gerd Eichmann, Wikimedia, CC BY-SA 4.0

S. 80 © picture alliance / dpa / giornalfoto

S. 82 Michelangelos »Pietà«, ausgeschnitten vor schwarzem Hintergrund © Stanislav Traykov, Wikimedia, CC BY 2.5

BILDNACHWEIS

BILDNACHWEIS

Literaturnachweis

Schottland: Der Text enthält Auszüge aus meinem Buch *Macbeth, Schlafes Mörder*, 2002 bei Frederking & Thaler erschienen, mit Fotos von Tom Krausz. Der Abdruck der Zitate auf den Seiten 40, 44 und 45 aus MACBETH von William Shakespeare in der Übersetzung von Frank Günther erfolgt mit der freundlichen Genehmigung des Hartmann & Stauffacher Verlag, Köln. Die Zitate auf S. 46 von Edward Bond stammen aus *Briefe / Die Proben / Shakespeares Notizbuch,* Alexander Verlag, 1994, übersetzt von Stephan Wetzel.

Swansea: Teile dieses Textes entstammen meinem Buch *Dylan Thomas, Waliser. Dichter. Trinker,* mit Fotos von Tom Krausz, erschienen 2011 bei Knesebeck. Die Zitate von Dylan Thomas stammen aus: *Windabgeworfenes Licht.* Gedichte. Englisch und Deutsch. Hanser, 1992; *Porträt des Künstlers als junger Hund.* Autobiographische Erzählungen. Hanser, 1994; *Die Befragung des Echos.* Frühe Erzählungen und Aufsätze. Hanser, 1991; *Unter dem Milchwald.* Texte für Stimmen. Ausgewählte Briefe. Hanser, 1996; *Die Liebesbriefe.* Hanser, 2004.

Venedig: Teile des Textes stammen aus meinem Buch *Die schöne Stille: Venedig, Stadt der Musik,* mit Fotos von Tom Krausz, erschienen 2011 im Corso Verlag.

Inhalt